CALLWEY

Stephan Isphording

Einfamilienhäuser umbauen und erweitern

Konzepte – Beispiele – Planungsgrundlagen

Callwey

... rund ums Haus

Inhalt

Über dieses Buch

Das Bekenntnis von Eigentümern, Erben oder Käufern zum Altbau ist nicht der vordergründige Wunsch nach Nostalgie. Viel stärker fallen die – oftmals kaum noch bezahlbaren – Vorzüge von älteren Gebäuden ins Gewicht wie ihre attraktive Lage in gewachsener Umgebung innerhalb eines Quartiers, eine bereits vorhandene Infrastruktur oder ihre besondere Eingebundenheit in die umliegende Landschaft. Es liegt also nah, sofern der Aufwand gerechtfertigt erscheint, den Bestand durch eine grundlegende Modernisierung in seinem Wert zu erhalten oder durch An- und Umbauten geänderten Nutzungswünschen anzupassen. Oft sind es nur ein paar Quadratmeter, die fehlen, damit ein altes Haus den neuen Lebensbedingungen entspricht. Auch die Möglichkeit, durch die Umgestaltung eines Hauses ein Stück eigengeplante, unverwechselbare Architektur zu schaffen, übt auf viele Eigentümer oder zukünftige einen hohen Reiz aus. Das knappe Angebot an Bauflächen und die damit verbundenen frustrierend hohen Grundstückspreise verstärken zudem bei Bauwilligen die Suche nach ressourcenschonenden Alternativen zum Neubau.
Die fachgerechte Planung eines Umbaus oder einer Erweiterung erfordert eine detaillierte Analyse des Bestandes und eine genaue Untersuchung der räumlichen, baulichen und oftmals auch planungsrechtlichen Möglichkeiten. Beim Thema Umbauen und Erweitern handelt es sich deshalb in der Summe um eine sowohl in architektonischer als auch in bautechnischer Hinsicht komplexe und nicht zu unterschätzende Bauaufgabe. Das vorliegende Buch möchte hierzu Anregung und Orientierungshilfe geben. Mit der Vielzahl der dargestellten Umbau- und Erweiterungsvarianten bietet das Buch einen breit gefächerten Ideenfundus für Bauherren und Architekten.

Projekte

Das Buch stellt 24 Beispiele realisierter Umbauten und Erweiterungen der letzten Jahre vor, die aufgrund ihres hohen Maßes an Individualität und räumlicher Qualität belegen, dass diese Bauaufgabe tatsächlich eine vollwertige Alternative zum Neubau darstellt.
Die Bandbreite der präsentierten Projekte reicht von Aufwertungen flachbedachter Bungalows der sechziger Jahre und der behutsamen Umgestaltung denkmalgeschützter historischer Bausubstanz über die Umnutzung landwirtschaftlicher Gebäude in dörflicher Umgebung bis hin zu Beispielen innerstädtischer Nachverdichtung. Ausgangslage und Motivation der einzelnen Bauherren für ihre Bauvorhaben sind dementsprechend vielfältig.
Alle hier dargestellten Umbauten und Erweiterungen wurden individuell von Architekten geplant. Auswahlkriterien für die einzelnen Projekte sind die Vorbildhaftigkeit im Umgang mit den Gegebenheiten des Bestandes, die gelungene Integration in die unmittelbare

Seite 2: Ansichtsskizze zu Umbau und Aufstockung eines Hauses in Trier. Architekt: Marcus Rommel, Projekt Seite: 92

Umgebung und Nachbarschaft sowie die erreichte Übereinstimmung mit den Wohnbedürfnissen der Auftraggeber. Darüber hinaus sollte dem Entwurf ein erkennbar klares Konzept zugrunde liegen, das insgesamt zu einer schlüssigen und aussagekräftigen architektonischen Lösung geführt hat.
Die Projektbeschreibungen zeigen Planungsüberlegungen, die Ausgangssituation und den Ausstattungsstandard der Umbauten auf, um zu dokumentieren, unter welchen Vorgaben und Bedingungen das gebaute Ergebnis entstanden ist.
Bei der Reihenfolge der Darstellung wurde auf eine Kategorisierung der Projekte verzichtet, um aus einem eher grafischen Blickwinkel die Individualität jedes einzelnen Projektes zu unterstreichen.

Zeichnungen und Fotos

Alle Projektzeichnungen wurden für dieses Buch neu erstellt, um sie durch ein reduziertes, auf das Wesentliche konzentriertes Layout eindeutiger lesbar und besser vergleichbar zu machen.
Zusätzlich zu den Grundrissen wird die Darstellung der Projekte durch Schnitte und Lagepläne ergänzt, die dem besseren Verständnis der jeweiligen Planung dienen. Die Zeichnungsdarstellung differenziert farblich Alt- (grau) und Neubauteile (weiß), sodass auch in den Plänen der Umfang der Maßnahmen deutlich wird.
Grundrisse und Schnitte sind in den Maßstäben 1:200 und 1:250 dargestellt, das heißt: 1 Zentimeter in der Zeichnung entspricht 2 bzw. 2,5 Meter in der Realität. Die Lagepläne haben einheitlich den Maßstab 1:2.000.
Aussagekräftige Fotografien namhafter Architekturfotografen veranschaulichen durch Innen- und Außenaufnahmen das realisierte Ergebnis.

Baudaten

Ein Baudatenkasten gibt zu jedem Projekt über die Texte hinaus noch weitere Informationen in systematisierter Form, damit die Eckdaten des Projekts übersichtlich erfasst werden können. Neben Informationen zu der Anzahl der Bewohner und dem Baujahr des Bestandes befinden sich hier auch Angaben über die durch den Umbau oder die Erweiterung des Hauses erzielten Wohn- und Nutzflächen. Die Baukosten sind als reine Baukosten exklusive Mehrwertsteuer zu verstehen, selbstverständlich ohne die Nebenkosten wie Honorare und Gebühren.

Planungsgrundlagen

Das Buch beinhaltet neben dem Projektteil einen Grundlagenteil, der einen Überblick über die wesentlichen Planungsschritte gibt, die für die praktische Umsetzung dieser Bauaufgabe von Relevanz sind. Dazu gehören die Themen Bestandsanalyse, Entwurf, die am Bau Beteiligten und baurechtliche Grundlagen. Darüber hinaus widmet sich das Kapitel dem Komplex Kosten, Eigenleistung, Mängel und Versicherungen. Die angesprochenen Aspekte komplettieren das Buch zu einer informativen Entscheidungs- und Planungshilfe für das eigene Bauvorhaben.

Legenden zur Planbeschriftung:

Ab	Abstellraum	Ki	Kind
An	Ankleide	Kü	Küche
Ar	Arbeitszimmer	LR	Luftraum
At	Atelier	Sa	Sauna
Auf	Aufzug	Sch	Schlafzimmer
Bib	Bibliothek	SP	Spitzboden
Es	Esszimmer	Ter	Terrasse
Ga	Gästezimmer	WF	Windfang
Gal	Galerie	WG	Wintergarten
HW	Hauswirtschaftsraum	Wo	Wohnraum
Hzg	Heizungsraum	Zi	Zimmer

Dank

All den Architekten und Fotografen, die mit ihrer Arbeit wesentlich zum Gelingen dieses Buches beigetragen haben, und den Bauherren, die freundlicherweise der Publikation ihrer Projekte zustimmten, danke ich sehr herzlich für die Mitwirkung an diesem Buch. Danken möchte ich darüber hinaus dem Architekten Frank Stille, der die Zeichnungen für dieses Buch neu erstellt und bearbeitet hat, sowie auch meinem Lektor Roland Thomas für seine Raum lassende Begleitung und Monika Pitterle für ihre engagierte grafische Umsetzung des Buches.

Planungsgrundlagen

Das Haus als lebendiger Organismus

Jedes Haus unterliegt im Laufe der Jahre vielen Veränderungen. In vieler Hinsicht muss ein Haus als lebender und nicht statischer Organismus verstanden werden, der trotz seiner Immobilität ganz und gar nicht für die Ewigkeit gebaut wurde. Die wenigsten älteren Häuser stehen unter Denkmalschutz oder können auch bei aller Erhaltenswürdigkeit ihrer äußeren Gestalt nicht doch durch gezielte bauliche Eingriffe an Praktikabilität und Attraktivität, Komfort und Wirtschaftlichkeit gewinnen. Auch bei schwieriger Altbausubstanz, restriktiver Grundstückslage, strenger Gestaltungssatzung oder starker Eingebundenheit in die umliegende Bebauung sind mit Mut und Beharrlichkeit durchaus tief greifende Umstrukturierungen machbar.
Bestehende Häuser werden ererbt oder neu erworben mit der Gewissheit, sie später den eigenen Wohnbedürfnissen angepasst zu modernisieren, umzubauen oder zu erweitern. Da die wesentlichen Funktionen des Hauses dabei bereits weitgehend vorhanden sind, geht es bei dem Willen, sich räumlich zu verändern, in der Regel nicht um Bedürfnisse der Grundversorgung, sondern um den Wunsch nach stärkerer Individualisierung, größerer Behaglichkeit oder neuen Rückzugsmöglichkeiten.
Die Sanierung, Modernisierung oder Umgestaltung eines Wohnhauses stellt wie alle anderen Bauvorhaben eine planerische, technische und wirtschaftliche Optimierungsaufgabe dar. Sie wird beim Bauen im Bestand

erschwert durch eine schwierigere Kostenschätzung und die sprichwörtlichen unliebsamen Überraschungen, die sich während der Bauzeit offenbaren. Am Anfang der Planungsüberlegungen für einen Umbau oder eine Erweiterung sollten sich die zukünftigen Bauherren also genügend Zeit nehmen, bestehende und zukünftige Änderungs- und Nutzungswünsche gründlich zu erforschen. Ein weiteres nicht zu vernachlässigendes Motiv für bauliche Veränderungen besteht darin, die vorhandenen technischen Defizite älterer Gebäude zu beseitigen, die schlicht einen kostenintensiven und damit unwirtschaftlichen Betrieb des Hauses bedeuten. Mängel im Wärmeschutz und in der Energieversorgung sind bei Häusern, die heute über zwanzig Jahre alt sind, an der Tagesordnung. Ein verändertes beziehungsweise entwickelteres ökologisches Bewusstsein vieler Bauherren hat daneben zu einem höheren Maß an Umweltverantwortung bei Bauherren und Architekten geführt, die neben einer zunehmenden Individualisierung der Wohnbedürfnisse beim Veränderungswunsch verstärkt zum Ausdruck kommt. Eine die Gesundheit nicht beeinträchtigende Bauweise, der bewusste Umgang mit dem eingesetzten Baumaterial und ein sparsamer Energieverbrauch beim Unterhalt des Hauses wirken dazu positiv auf die Langlebigkeit und Werthaltigkeit und damit den Marktwert eines Hauses ein.

Bestandsaufnahme

Am Anfang – egal ob Anbau, Erweiterung oder Sanierung – steht zwingend die Bestandsaufnahme. Lediglich der Grad, das Ausmaß und damit auch der Kostenaufwand einer solchen Analyse variiert mit der geplanten Umbaumaßnahme und dem gewünschten Änderungsumfang der vorhandenen Bausubstanz. Die Prioritätenfolge ergibt sich zumeist aus den als am dringendsten empfundenen Missständen, wobei ein mehrdimensionaler Blick für Notwendiges und gleichzeitig Wohnwerterhöhendes sehr lohnt. Zur Unterstützung dieser Vorüberlegungen über den angemessenen Umfang des Umbaus mögen diese vier Kategorien dienen:
1. Sanierung: Hierbei handelt es sich um eine reine Instandhaltungsmaßnahme, also eine Reparatur ohne sicht- und erlebbare Wohneffekte. Die Instandhaltung besteht aus erforderlichen Kontroll-, Wartungs- und Pflegeaufgaben, die das Gebäude und seine Bauteile so erhalten, dass sie möglichst lange ihren bestimmungsgemäßen Zweck erfüllen können.
Die Instandsetzung beseitigt Mängel, die durch unterlassene Instandhaltung, Abnutzung, Alterung, Witterung und sonstige Einwirkungen entstanden sind.
2. Modernisierung: Diese Maßnahme bedeutet, durch Verbesserung der Bausubstanz oder Ausstattung den Gebrauchswert eines Gebäudes nachhaltig zu erhöhen, die allgemeinen Wohnverhältnisse auf Dauer zu verbessern beziehungsweise durch Investitionen in die Bau- und Haustechnik Einsparungen von Heizenergie oder beim Wasserverbrauch zu erreichen.
3. Veränderung: Hierunter wird eine grundlegende Umgestaltung des Grundriss- und Raumgefüges des Baukörpers und seiner Fassaden verstanden, zum Beispiel durch den Ausbau von Raumreserven.
4. Erweiterung: Der ursprüngliche Baukörper erfährt durch eine Ergänzung mit eigenem Bauteil eine Nutzflächenerweiterung, die gegebenenfalls zu einem komplett veränderten Erscheinungsbild des Altbaus führt. Aus architektonischer Sicht gehören die Erweiterungen damit zu der zweifellos interessantesten Kategorie.
Im Gegensatz zur Planung eines Neubaus, bei dem Zeichnungen unterschiedlicher Detaillierungsgrade vor Baubeginn zur Verfügung stehen, um das angestrebte Ergebnis zweidimensional vorweg zu nehmen, liegt bei der Planung für eine Sanierung das dreidimensionale Ergebnis in Gestalt des gebauten Hauses als 1:1-Modell bereits vor. Die Planungszeichnungen werden dann erst in einem zweiten Schritt erstellt. Der Planungsprozess ist also gewissermaßen von den Füßen auf den Kopf gestellt. In den seltensten Fällen stehen Zeichnungen oder Ausführungsbeschreibungen des Altbaus zur Verfügung mit der Folge, dass diese wichtigen Unterlagen durch Messungen und Untersuchungen erst neu erarbeitet werden müssen.

Akribisch wird gemessen, gelistet, gezeichnet, bewertet und geprüft, bis eine umfangreiche Datensammlung als Grundlage für die Planung entstanden ist. Nur sie kann auch die Basis für eine wirklichkeitsnahe und vor allem seriöse Kostenschätzung bilden, die nicht wegen unterschätzter und unvorhergesehener Risiken zu niedrig oder durch pauschale »Angstzuschläge« zu hoch ausfällt. Eine Kostenschätzung für ein umfassendes Sanierungsvorhaben ohne Bestandsaufnahme muss als Kaffeesatzleserei bezeichnet werden.
Die Bestandsanalyse setzt vor der Begehung des Gebäudes zumindest einfache Pläne mit dem Aussagegehalt von Entwurfszeichnungen voraus. Sie beginnt in der Regel mit einem Aufmaß zur Kontrolle der vorhandenen oder zur Erstellung neuer Zeichnungen. Gleichzeitig können bereits offensichtliche Schäden aufgenommen werden. Parallel empfiehlt es sich, diese gleich in einer separaten Liste zu vermerken, um eine erste Ahnung von der Anzahl und Schwere der Schäden und damit dem Sanierungsumfang zu bekommen. Vom Grad der festgestellten Schädigung und von der geplanten Maßnahme hängt es nun ab, mit welcher Genauigkeit die Bestandsaufnahme durchgeführt werden soll oder werden muss. Je tiefer in den Bestand eingedrungen wird, desto detaillierter fällt der Maßstab der Zeichnungen und der Aufwand an Untersuchungen aus. Die Kosten der Erfassung steigen entsprechend. Eine einfache Begehung mit einer stichprobenartigen Überprüfung der Maße und der Abgleichung mit vorhandenen Zeichnungen und der Kartierung sichtbarer Schäden liegt bei ca. DM 5,–/m², wohingegen eine Bestandsaufnahme höchster Genauigkeit mit der Erstellung von Zeichnungen im Maßstab 1:25, zahlreichen Untersuchungen der Altbausubstanz und unter Umständen dem Einsatz von speziellen Untersuchungs- und Laser-Messgeräten bis DM 80,–/m² kosten kann. Angeraten ist, in jedem Fall für diese Aufgaben Architekten mit ausreichend Altbauerfahrung oder Bauhandwerker wie Zimmerleute hinzuziehen.
Am Ende einer solchen baulich-technischen Bestandsaufnahme steht die persönlich/subjektive Raumanalyse, die in der Formulierung des neuen Raumprogramms gipfelt. Fragen der zukünftigen Raumorganisation des neuen Bauteils, der Schnittstellen und seines funktionalen Zusammenhangs mit dem bestehenden Gebäude folgen im Anschluss. Konkrete Hilfestellung kann hierbei ein Raumbuch bieten, in dem jeder einzelne Raum einer Bewertung in Bezug auf seinen technischen Zustand und seinen Wohnwert unterzogen wird. Diese Positiv-Negativ-Liste kann Eigenschaften vom allgemeinen Wohngefühl bis hin zu Details wie die Lage einer Steckdose enthalten. Aus dieser detaillierten Raumprüfung ergibt sich womöglich, die gesamte vorhandene Grundrissstruktur bei dieser Gelegenheit neu zu überdenken. Der Umbau kann damit die Chance bieten, in einem Schritt überkommene Grundrisskonzepte grundlegend zu erneuern.
Die ersten Orientierungsgespräche mit dem Architekten bringen Klarheit über die gestalterischen und technischen Realisierungsmöglichkeiten dieser Umbauwünsche und nicht zuletzt Anhaltspunkte über ihr Kostenvolumen. Dabei besteht auch die Chance, die eigenen Überlegungen noch einmal gründlich auf den Prüfstand zu stellen.

Planungsüberlegungen

Nach einem Ausspruch Johann Wolfgang von Goethes sollten Kinder von ihren Eltern zwei Dinge mit auf den Weg bekommen: Wurzeln und gleichzeitig Flügel. Übertragen auf die Architektur und ihre Bauwerke bedeutet dies, dass qualitätvolle Architektur immer eine Verankerung in der Tradition braucht, aber auch den Mut haben muss, Neues zu wagen und bisher unbekannte Wege zu beschreiten. Beim Bauen im Bestand liegt dies oft näher als beim Neubau. Der vorgefundene Kontext sorgt ganz selbstverständlich für die Verwurzelung; die neuen Elemente eröffnen die Möglichkeit, Zukünftiges und bislang nicht Verwirklichbares Gestalt annehmen zu lassen.
Die Lösungen für einen Umbau oder eine Erweiterung sind zahlreich. Die im Projektteil des Buches vorgestellten Beispiele sind allesamt individuelle Umbauten mit so unikathaftem Charakter, dass sie eigentlich keine Typisierung zulassen. Gleichwohl lassen sich gewisse Gruppen identifizieren, die gleichen entwurflichen Prinzipien folgen. Bei einem Ausbau in Unterordnung und Anpassung an den Bestand beispielsweise bewegt sich der neue Bauteil innerhalb der vorhandenen Proportionen oder stellt deren schlichte Verlängerung dar, die sich im Charakter unauffällig gibt. Als Extrem dazu sind vollständig unabhängige, eigenständige Baukörper zu nennen, die sich organisatorisch, gestalterisch und in Bezug auf Material, Maßstab und

Wie viele Beispiele dieses Buches zeigen, kann die Bauaufgabe Umbau und Erweiterung wunderbare Chancen der Verwirklichung bislang brachliegender eigener Ideen und Träume bergen. Bei der Gestaltung eines Ateliers, einer Bibliothek oder eines neuen Spielbereichs für die Kinder lassen sich losgelöst von den Zwängen der Grundversorgung dauerhaft erlebbare Freiräume schaffen.

Proportion komplett vom Bestand loslösen und zu ihm einen kontrapunktischen Gegensatz bilden.
Was die technische Planung betrifft, zeigen die hier präsentierten Konzepte alle Beispiele der Primärkonstruktion, die als Stahl- oder Holzskelett-, aber auch als Holztafel- und Holz-Rahmenbauweise neben konventionell gemauerten und betongegossenen Konstruktionen in Frage kommen können. Dem besonderen Aspekt vom Bauen in bewohntem Bestand wird durch Projekte mit bauzeitverkürzenden Konstruktionen aus vorgefertigten Elementen Rechnung getragen.
Die in der Regel nur geringe Dimension von Umbau- und Erweiterungsmaßnahmen – im Hinblick auf die Ausbaufläche und den Finanzbedarf – erlaubt es, über neue, ästhetisch innovative und durchaus spielerische Konzeptionen nachzudenken. Diese kleinteilige Aufgabe macht es möglich, gestalterisch herausragende Lösungen mit ungewöhnlicheren Materialien wie Stahl, Glas, Beton oder Holz zu realisieren, die vielfach eine umfassende Neuinterpretation des Altbaus zulassen. Das Haus, das man nicht selber geplant und gebaut hat, erhält dadurch einen ganz persönlichen, unverwechselbaren Stempel. Mit dem Umbau oder der Erweiterung ist meist eine Aufwertung des Gesamtgebäudes verbunden, die den Wohn-, aber auch den Marktwert des Bestandes erhöht. Denn meistens geht mit den Umbaumaßnahmen neben der räumlichen Erweiterung auch ein verbesserter technischer Ausbau einher.

Am Bau Beteiligte

Wer ein Haus baut, modernisiert, aus- oder umbaut, kommt nicht umhin, die Unterstützung von Fachleuten in Anspruch zu nehmen. Das folgende Kapitel gibt einen ersten Einblick in die Aufgabengebiete der verschiedenen und – sofern erforderlich – im Laufe des Planungs- und Bauprozesses einzubindenden Partner:
Der *Architekt* ist für den Bauherrn bei der Planung und Durchführung des Bauvorhabens der wichtigste Partner. Er ist verantwortlich für die künstlerische, technische und wirtschaftliche Planung des Bauvorhabens. Er übernimmt die Beratung, Betreuung und Vertretung des Bauherrn, überwacht die Bauausführung und wird gegebenenfalls auch als Sachverständiger für Gebäudegutachten und Grundstücksschätzungen hinzugezogen. Er tritt als Bevollmächtigter des Bauherrn gegenüber Behörden und den Bauunternehmen auf. Die Berufsbezeichnung Architekt ist gesetzlich geschützt und sie darf nur führen, wer in die Architektenliste eines Bundeslandes eingetragen ist. Seine Planungsleistungen umfassen folgende neun Leistungsphasen, die in der von der Bundesregierung erlassenen und verbindlichen Honorarordnung für Architekten und Ingenieure (HOAI) beschrieben und deren Grundleistungen in vom Hundert des Honorars bewertet sind:
1. Grundlagenermittlung: Ermitteln der Grundlagen und Voraussetzungen, die zur Lösung der Bauaufgabe beitragen, 3% des Honorars.
2. Vorplanung: Anfertigen von Skizzen und Vorentwürfen, 7% des Honorars.
3. Entwurfsplanung: Erarbeiten der endgültigen Lösung der Planungsaufgabe mit der dazugehörenden Kostenberechnung, 11% des Honorars.
4. Genehmigungsplanung: Erarbeiten und Einreichen der Baugenehmigungsunterlagen, 6% des Honorars.
5. Ausführungsplanung: Erarbeiten und Darstellen der Ausführungs- bzw. Werkzeichnungen, 25% des Honorars.
6. Vorbereitung der Vergabe: Ermitteln der Massen und Aufstellen von Leistungsverzeichnissen, 10% des Honorars.
7. Mitwirkung bei der Vergabe: Ermitteln der Kosten und Mitwirkung bei der Auftragsvergabe, 4% des Honorars.
8. Bauüberwachung: Überwachen der Bauausführung, 31% des Honorars.
9. Objektbetreuung: Dokumentation und Überwachung der Mängelbeseitigung, 3% des Honorars.

Das Honorar der Leistungsphasen ist abhängig von den anrechenbaren Kosten (Baukosten ohne MwSt.), der Honorarzone (z. B. III: Wohnhäuser mit durchschnittlicher Ausstattung, IV: Wohnhäuser mit überdurchschnittlicher Ausstattung) und dem Mindest-Mittel- oder Höchstsatz des entsprechenden Honorarbetrags gemäß Honorartafel.
Grundlage für die Zusammenarbeit zwischen Bauherr und Architekt ist eine Vereinbarung,

die die Rechte und Pflichten der beiden Parteien bestimmen soll. Einer besonderen Schriftform bedarf es bei dem Abschluss des Vertrages nicht. Auch mündliche Vereinbarungen haben Gültigkeit. Es wird jedoch eine schriftliche Niederlegung des Vereinbarten empfohlen. Ein Mustervertrag, der Einheits-Architektenvertrag, wird von der Bundesarchitektenkammer herausgegeben.
Die Leistungen können en gros oder einzeln vereinbart und abgerechnet werden. Die Beauftragung nur der Leistungsphasen 1 bis 4 kann zum Beispiel dann geraten sein, wenn an der Genehmigungsfähigkeit des Bauvorhabens Zweifel bestehen.
Für eine wesentliche Unterschreitung der geschätzten Baukosten besteht ferner die Möglichkeit, ein gesondertes Erfolgshonorar zu vereinbaren, das bis zu 20% der eingesparten Baukosten betragen kann.
Bei Umbauten und Modernisierungen bestehender Gebäude (»Bauen im Bestand«) kann im Vertrag abhängig vom Schwierigkeitsgrad der Leistungen ein Zuschlag vereinbart werden, der nach § 24 HOAI einen erhöhten Honoraranspruch um 20 bis 33 % rechtfertigt.
Der Architekt haftet für die fehlerlose Erstellung des Bauwerks. Die Gewährleistungspflicht erstreckt sich (gemäß BGB) auf fünf Jahre nach Abnahme der vom Architekten erbrachten Leistungen. Die Leistungen von Sonderfachleuten, wie zum Beispiel das Einmessen der Baustelle, die statischen Berechnungen oder der Wärmeschutznachweis, werden in separaten Verträgen vereinbart und gesondert abgerechnet.
Der *Statiker* erstellt nach den Plänen und Detailangaben des Architekten die statische Berechnung (Standsicherheitsnachweis), häufig auch den Wärmeschutz- und den Schallschutznachweis. Diese Nachweise sind mit den Bauantragsunterlagen bei der Baubehörde einzureichen.
Vermessungen im Zusammenhang mit einem Grundstückserwerb müssen grundsätzlich von einem öffentlich bestellten *Vermessungsingenieur* oder der zuständigen Vermessungsstelle (Katasteramt) durchgeführt werden, ebenso in den meisten Bundesländern die Gebäudeeinmessung nach Errichtung oder Veränderung der Grundfläche eines Gebäudes (z.B. Anbau). Nach Errichtung eines Gebäudes oder einer Grundflächenänderung eines bestehenden Gebäudes ist von der Vermessungsstelle eine Gebäudeeinmessung durchzuführen, mit der die Katasterkarten (Flurkarten) der Gemeinde aktualisiert werden.
Die *Baubehörde* ist für die Überwachung der Einhaltung öffentlich-rechtlicher Bauvorschriften im Baugenehmigungsverfahren zuständig. Im Vordergrund steht die Bausicherheit, aber auch die Baugestaltung. Maßgebliche Rechtsgrundlage des Bauordnungsrechts sind die Landesbauordnungen und die Eingeführten Technischen Baubestimmungen.
Bauhandwerker werden nach Angebotsaufforderung und Angebot meistens auf der Basis der Verdingungsordnung für Bauleistungen (VOB) mit der Ausführung der Arbeiten beauftragt.
Der Bauvertrag wird zwischen Bauherr und Bauhandwerker über einzelne oder mehrere Bauleistungen, Gewerke geschlossen. Bauverträge unterliegen als Werkverträge grundsätzlich den diesbezüglichen Bestimmungen des Bürgerlichen Gesetzbuches (BGB). Häufiger werden Bauverträge nach der oben erwähnten VOB (Verdingungsordnung für Bauleistungen) abgeschlossen. Dieses Regelwerk gilt jedoch nur, wenn es ausdrücklich vereinbart wurde.
Die Verdingungsordnung für Bauleistungen ist ein Vertragsregelwerk, mit dem die allgemeinen Rechtsvorschriften (Werkvertragsrecht des BGB) auf die besonderen Anforderungen des Bauwesens angepasst wurden. Die VOB ist jedoch kein Gesetz, sondern muss als Vertragsbestandteil zwischen Bauherr und Handwerker vereinbart werden.
Sie besteht aus den Teilen
A: Allgemeine Bestimmungen für die Vergabe von Bauleistungen,
B: Allgemeine Vertragsbedingungen für die Ausführung von Bauleistungen und
C: Allgemeine Technische Vertragsbedingungen für Bauleistungen.
Auch bei kleineren Bauvorhaben kann ein *Innenarchitekt* hinzugezogen werden. Unter Berücksichtigung der konstruktiven Belange und des Kostenrahmens ergänzt er die Arbeit des Architekten durch raumprägende Faktoren wie Licht, Farbdynamik, Raumklima, Akustik, Einbauten, Möbel und Dekorationen.
Ein *Gartenarchitekt* wird bei Erweiterungsmaßnahmen leider selten hinzugezogen, obwohl das Grundstück meist eine ebenso tief greifende Änderung erfährt wie das Haus. Als Fachmann kann er für die Berücksichtigung der natürlichen Gegebenheiten des Grundstücks, den Schutz und die Erhaltung vorhandener wertvoller Bepflanzung, die richtige Behandlung des Mutterbodens und

natürlich für die Neuanlage des Gartens sorgen.
Der *Schornsteinfeger* berät Bauherren und Architekten bei allen heiztechnischen Fragen und sorgt für den funktionsgerechten, sparsamen, schadstoffarmen und sicheren Betrieb der Feuerstätten. Er überprüft durch regelmäßige Messung die richtige Einstellung der Feuerstätte und die ordnungsgemäße Zufuhr von Verbrennungsluft und führt die regelmäßige Reinigung der Schornsteine und Abgasanlagen durch. Der Schornsteinfeger kann als ausgebildeter Gebäude-Energieberater im Handwerk zum Beispiel eine Anstoß-Energieberatung für Altbauten oder eine Luftdurchlässigkeitsprüfung (Blower-Door-Verfahren) durchführen.
Die *Versorgungsbetriebe* liefern Gas, Wasser, Strom, Telefon, Kabelfernsehen, Fernwärme und Abwasser und müssen rechtzeitig in den Planungsprozess mit einbezogen werden. Anträge mit den erforderlichen technischen Angaben, vom Architekten, einem Fachingenieur oder gegebenenfalls von Fachfirmen erstellt, sind durch den Bauherrn einzureichen.
Und nicht zuletzt spielt die/der *Bauherrin/Bauherr* eine nicht unwesentliche Rolle im Baugeschehen. So allein im Bauordnungsrecht, in dem die Rolle der Bauherren am unmissverständlichsten formuliert ist: »Wer auf eigene Verantwortung eine bauliche Anlage vorbereitet, ausführt oder vorbereiten oder ausführen lässt, hat zur Vorbereitung, Überwachung und Ausführung eines geneh-

Drei kleine Wohnungen befanden sich in dem Haus aus den dreißiger Jahren in Öhringen, bevor es totalsaniert und umgebaut als Einfamilienhaus wieder bezogen wurde. Architekt: Hannes Schreiner, Stuttgart

migungsbedürftigen Bauvorhabens einen Entwurfsverfasser, einen Unternehmer und einen Bauleiter zu bestellen. Dem Bauherrn obliegen auch die nach öffentlich-rechtlichen Vorschriften erforderlichen Anträge, Mitteilungen und Nachweise an die Bauaufsichtsbehörde.«

Baurechtliche Grundlagen

Schönheits-, Instandsetzungsarbeiten und Umbauten eines Hauses können, solange die Tragstruktur des Hauses nicht verändert wird, ohne behördliche Erlaubnis durchgeführt werden. Arbeiten an der Gebäudehülle, wie die Änderung der Fassade oder der Einbau neuer Fenster sind grundsätzlich genehmigungspflichtig. Bauliche Erweiterungen bedürfen selbstverständlich immer einer Genehmigung, allein weil durch die neu überbaute Grundstücksfläche und die vergrößerte Geschossfläche das dem Grundstück zugeordnete »Maß der baulichen Nutzung« verändert wird.
Die Baubehörde beziehungsweise untere Bauaufsichtsbehörde (bei Landkreisen, kreisfreien Städten) ist zuständig für die Überwachung der Einhaltung öffentlich-rechtlicher Bauvorschriften im Baugenehmigungsverfahren. Als maßgebliche Rechtsgrundlage des Bauordnungsrechts dienen die Landesbauordnungen und die eingeführten technischen Baubestimmungen.
Die Landesbauordnung des jeweiligen Bundeslandes beinhaltet die bauordnungsrechtlichen Regelungen, die bei jedem Bauvorhaben beachtet werden müssen. Die Anforderungen beziehen sich sowohl auf das Grundstück als auch auf seine Bebauung, zum Beispiel auf die Einhaltung von Abständen, die Standsicherheit, den Schutz gegen Erschütterungen, Feuchtigkeit und Korrosion, den Schall-, Brand- und Wärmeschutz, die Verkehrssicherheit, die Belichtung und Beheizung, aber auch die äußere Gestaltung.
Die Bauordnung wird durch Durchführungsbestimmungen, die Feuerungs- und Garagenverordnung sowie gegebenenfalls durch die Stellplatzverordnung und andere ergänzt.
Grundlage für das Baugenehmigungsverfahren ist der Bauantrag. Er wird in zwei- oder dreifacher Ausfertigung mit entsprechenden Anlagen und Unterschriften des Bauherrn und des bauvorlageberechtigten Architekten bei der Baubehörde eingereicht.
Die Bauvorlage umfasst in der Regel das Antragsformular, die Baubeschreibung, einen Lageplan, die Grundriss-, Schnitt- und Ansichtszeichnungen sowie die statische Berechnung, den Wärme- und den Schallschutznachweis des Bauvorhabens, darüber hinaus den Entwässerungsplan und den Freiflächenplan.
Der gestellte Bauantrag mündet nach dem Genehmigungsverfahren in eine Baugenehmigung. Diese stellt die behördliche Erlaubnis zur Durchführung der Baumaßnahme dar. Der Baubeginn ist erst nach Erteilung der Baugenehmigung gestattet. Eine Teilgenehmigung ermöglicht gegebenenfalls einen vorzeitigen Baubeginn. Zu beachten ist, dass eine Baugenehmigung nach einer bestimmten Zeit ihre Gültigkeit verliert, wenn mit dem Bau nicht begonnen wurde. Eine Abweichung von genehmigten Plänen bedarf der erneuten Zustimmung der Behörde.
Die Termine des Baubeginns und der Baufertigstellung sind ebenfalls meldepflichtig.
Bei bestimmten Bauvorhaben erlauben Freistellungsverordnungen so genannte vereinfachte Baugenehmigungsverfahren. Voraussetzung für dieses Verfahren ist, dass das Grundstück im Geltungsbereich eines qualifizierten Bebauungsplanes beziehungsweise einer entsprechenden Gemeindesatzung liegt. Das Bauvorhaben muss den Vorgaben dieses Planes entsprechen und die Anforderungen der jeweiligen Landesbauordnung erfüllen, was der Architekt, der Statiker oder eventuell der Bausachverständige durch entsprechende Nachweise garantieren muss.
Im vereinfachten Genehmigungsverfahren zeigt der Bauherr sein Bauvorhaben mit den erforderlichen Unterlagen bei der zuständigen Baubehörde lediglich an.
Mit dem Bau kann nach Ablauf einer bestimmten Frist begonnen werden, wenn nicht die Behörde in dieser Zeit erklärt, dass doch ein Genehmigungsverfahren erforderlich ist. Sollten grundsätzliche Zweifel an der Genehmigungsfähigkeit des Vorhabens bestehen, kann es sinnvoll sein, eine so genannte Bauvoranfrage zu stellen. Sie besteht in der Regel aus dem Vorentwurf, der Bau-

Für einen Erweiterungsbau an ein Einfamilienhaus aus den dreißiger Jahren verwendete der Architekt innovative Fassadenelemente aus Stahlblech-Streckmetallgittern, die normalerweise bei Stuckateuren Verwendung finden. Architekt: Klaus Ilg und Partner mit Michael Onischke, München.

beschreibung und der konkreten Frage zur Genehmigungsfähigkeit. Die Antwort oder auch der Vorbescheid ist für die Behörde in der Regel für ein Jahr bindend, ersetzt aber nicht die Baugenehmigung.
Der Bebauungsplan stellt eine politische, rechtlich bindende Willenserklärung der Gemeinde dar. Er gibt an, was und in welchem Umfang auf einem Grundstück gebaut werden darf. Ein Bebauungsplan enthält Baulinien und Baugrenzen, legt die Zahl der Vollgeschosse sowie die Dachneigung fest. Die Angaben im Bebauungsplan haben eine bindende Wirkung.
Die im Bebauungsplan vorgesehenen Flächen gliedern sich nach der besonderen Art der Nutzung in die folgenden Baugebiete:

- Kleinsiedlungsgebiete (WS)
- reine Wohngebiete (WR)
- allgemeine Wohngebiete (WA)
- besondere Wohngebiete (WB)
- Mischgebiete (MI)
- Kerngebiete (MK)
- Gewerbegebiete (GE)
- Sondergebiete (SO)

Ein Bebauungsplan unterscheidet zwischen offener und geschlossener Bauweise. In Gebieten mit offener Bauweise können Gebäude mit seitlichem Grenzabstand (Bauwich) als Einzelhäuser, als Doppelhäuser oder als Hausgruppen mit einer Länge von maximal 50 Metern errichtet werden. In Gebieten mit geschlossener Bauweise ist der seitliche Grenzabstand zwischen den Häusern nicht erwünscht, da eine wie bei Reihenhäusern übliche geschlossene, zeilenartige Bebauung angestrebt wird.
Die römischen Zahlen bezeichnen im Bebauungsplan die erlaubte Anzahl der Vollgeschosse. So bedeutet zum Beispiel der Eintrag »WIIo«: Wohngebiet, zwei Vollgeschosse, offene Bebauung.
Die genannte Abstandsfläche bezeichnet die unbebaubare Fläche vor den Außenwänden von Gebäuden. Ihre Breite und Tiefe ist abhängig von der Gebäudehöhe und der Zahl der Vollgeschosse.
Die Baugrenze begrenzt die überbaubare Grundstücksfläche. Sie darf in Ausnahmefällen lediglich von untergeordneten Bauteilen – wie einem Vorbau oder Balkon – überschritten werden.
In Gebieten offener Bauweise bedeutet der Grenzabstand den einzuhaltenden Abstand zwischen einem Gebäude und den seitlichen und rückwärtigen Grundstücksgrenzen.
Die Baulinie gibt verbindlich die Lage der Gebäudeaußenkanten an, um zum Beispiel in einer Straße eine einheitliche Gebäudeflucht zu erreichen. Sie darf wie die Baugrenze in Ausnahmefällen höchstens von untergeordneten Bauteilen des Gebäudes überschritten werden.
Die Bruttogeschossfläche (BGF) umschreibt die Summe aller Geschossflächen eines Gebäudes in ihren Außenmaßen.
Die Geschossflächenzahl (GFZ) drückt aus, wie das Verhältnis aller Geschossflächen eines Gebäudes zur Grundstücksgröße maximal sein darf.
Grundstücksgröße x GFZ = zulässige Geschossfläche
Die Grundflächenzahl (GRZ) gibt im Bebauungsplan das Verhältnis von Grundstücksfläche zu überbaubarer Fläche an.
Grundstücksgröße x GRZ = überbaubare Fläche.
Ebenso bleibt das Nachbarschaftsrecht zu erwähnen, das sich in öffentlich-rechtliches und privates Nachbarschaftsrecht untergliedert. Ersteres findet seinen Niederschlag im Bau- und Bauplanungsrecht. Das private Nachbarschaftsrecht regelt hingegen das Verhältnis der Nachbarn, also der Grundstückseigentümer und Hausbesitzer untereinander. Festgelegt sind hier Regelungen, die häufiger zu nachbarschaftlichem Zwist führen können, wie zum Beispiel Fenster- und Lichtrechte, Grenzabstände oder das Hammerschlags- und Leiterrecht. Natürlich können Nachbarn

untereinander auch einvernehmliche Regelungen treffen, die im Baurecht abweichend geregelt sind, etwa über den Bau von Mauern, hohen Zäunen und Rankgittern an der Grundstücksgrenze oder Grenzbepflanzungen. Diese sollten verbindlich vereinbart werden, um spätere Rechtsstreitigkeiten zu vermeiden.
Im Sinne eines einvernehmlichen Nachbarschaftsverhältnisses ist es stets hilfreich, zu einem möglichst frühen Zeitpunkt über das geplante Bauvorhaben zu informieren. Den direkt betroffenen Nachbarn wird es vor allem interessieren, ob von dem geplanten Anbau möglicherweise eine Beeinträchtigung auf das eigene Grundstück ausgeht. Außerdem möchte der zukünftige Nachbar sicher über Umfang, Dauer und den Beginn der geplanten Baumaßnahme unterrichtet werden. All diese Schlüsselbegriffe rund um das Baurecht werden dem zukünftigen Bauherrn während seines Bauvorhabens früher oder später begegnen. Für den Architekten sind die Festsetzungen im Bebauungsplan Richtschnur seiner Entwurfsplanung. Je besser sich also der Bauherr mit den baurechtlichen Grundlagen auskennt, umso kompetenter wird er die Planungsgespräche mit seinem Architekten führen können.

Kosten und Kostenkontrolle

Es ist müßig, über das in Deutschland bestehende, im Vergleich zu unseren europäischen

Unklare räumlich-funktionale Zuordnungen des Bestandes und persönliche Veränderungen der Bauherren waren Anlass zur gartenseitigen Ergänzung eines Satteldachhauses aus den fünfziger Jahren in Ibbenbüren. Der Architekt Thomas Krekemeyer plante einen aufgeständerten Stahlbau, dessen Ausführung und Materialität von einer schnörkellosen und selbstbewussten Haltung zeugen. Architekten: Huss Rammes Krekemeyer, Ibbenbüren

Nachbarn im Durchschnitt hohe Baukostenniveau zu sinnieren. Die Gründe reichen von überzogenen Reglementierungen, einer geringen Ausschöpfung von Rationalisierungsmöglichkeiten und hohen Qualitätsstandards bis hin zu einer unprofessionellen Abwicklung der Bauvorhaben und ihren unzureichenden Kostenkontrollen. Da die Baugesetzgebung sich wohl kurzfristig nicht ändern lässt und die Aufgabe Sanierung, Umbau und Erweiterung gemeinhin nicht besonders viel Rationalisierungspotential birgt, sollte der Bauwillige sein Hauptaugenmerk auf eine effiziente Bauabwicklung und eine umfassende Kostenplanung und -kontrolle richten, um die Kosten in den geplanten Grenzen zu halten.
Bauen im Bestand muss als komplexer Vorgang verstanden werden, der einer intensiven Vorplanung in allen Einzelheiten bedarf. Trotzdem lassen sich unvorhergesehene Ereignisse während des Baufortschritts nicht ausschließen, die zusätzliche, mit weiteren Kosten verbundene Maßnahmen verlangen. Um am Ende böse Überraschungen wie aus dem Ruder gelaufene Baukosten zu vermeiden, ist jeder Bauherr gut beraten, die einzelnen Schritte des geplanten Bauvorhabens im Vorfeld ablauf- und kostenmäßig durchzuspielen.
Am Anfang steht das sorgfältige Abklären unter anderem folgender Fragen:

- Lohnt sich der finanzielle und zeitliche Aufwand für den Umbau dieses Hauses ?
- Sind Grundstück, Infrastruktur und Umgebung auch auf Dauer geeignet, die persönlichen Wohnwünsche möglichst optimal zu erfüllen oder ist ein neuer Standort womöglich vorteilhafter ?
- Bestehen überhaupt ausreichende Aussichten auf eine bau- und nachbarschaftsrechtliche Vereinbarkeit der Planung ?
- Können die neuen Räume des Objekts wunschgemäß orientiert werden, was die Besonnung, die Anschlüsse oder den Zugang betrifft ?

Sind all diese grundsätzlichen Fragen weitgehend positiv beantwortet, ist in einem zweiten Schritt zu überlegen, welche Qualitätsstandards bei einem solchen Um- oder Ausbau Anwendung finden sollen. Diese Frage wird letztlich durch die Finanzierungsmöglichkeiten beantwortet, wonach gegebenenfalls Ausführungsalternativen zu prüfen sind. Eine Mehrinvestition am Anfang, zum Beispiel in eine Energie sparende Bauweise, kann sich binnen kurzer Zeit amortisieren und damit auf Dauer lohnenswert sein.
Der Einsatz alternativer Baustoffe zieht aber auch mitunter Konsequenzen in Parallel- oder Folgegewerken nach sich, die wiederum in technischer und kostenmäßiger Hinsicht abgewogen werden müssen.
Das Prinzip der Kostenplanung und -kontrolle ist einfach. Angelehnt an die im Rahmen der HOAI bestehenden Pflichten des Architekten, die Kosten zunächst zu schätzen, dann zu berechnen, danach zu veranschlagen und schließlich festzustellen, entsteht ein gut strukturiertes Kostengerüst und ein zeitnaher Vergleich von Plan- und Istkosten, auch bei der Planung und Kontrolle durch den Bauherrn. Dieses Gerüst sollte in seiner Aufteilung idealerweise den später zu vergebenden Aufträgen entsprechen.
Eine Hilfe bei der Strukturierung der Kosten bietet die DIN 276, in der die Gesamtkosten in Einzelkosten zerlegt werden. Diese detaillierte Struktur enthält sieben Kostengruppen von Grundstücks- bis Baunebenkosten, die sich immer feiner nach den einzelnen Bauteilen aufgliedern.
Die Kostengruppe 300 enthält zum Beispiel die Position Außenwände 330, die sich wiederum in die Teilbereiche
Tragende Außenwände 331,
Nichttragende Außenwände 332,
Außenstützen 333,
Außentüren und -Fenster 334,
Außenwandbekleidungen außen 335,
Außenwandbekleidungen innen 336,
Elementierte Außenwände 337,
Sonnenschutz 338 und
Außenwände, Sonstiges 339
differenziert.
Die systematische Kostenplanung und -kontrolle durch den Bauherrn selbst trägt als besonderer Nebeneffekt dazu bei, ein vernünftiges Kostenbewusstsein auszubilden und damit spätere Änderungs- und Zusatzwünsche, auf die häufig ein großer Teil unerwartet hoher Baukosten zurückzuführen ist, auf ein Mindestmaß zu beschränken.

Eigenleistung

Bei Sanierungs-, Modernisierungs- und Umbauarbeiten des eigenen Hauses bieten sich vielfältige Chancen der Eigenleistung, die im Vergleich zu Neubauten relativ hoch ausfallen. Diese Form der Baukostensenkung erscheint hier besonders geeignet, da es sich meistens um eine vergleichsweise kleinvolumige Bauaufgabe handelt. Die Selbsthelfer sollten sich zu Anfang jedoch fragen, ob sie zum einen über die nötigen handwerklichen beziehungsweise körperlichenFertigkeiten und Fähigkeiten für die ausgesuchten Arbeiten verfügen und überhaupt den zeitlichen Aufwand leisten können, ohne dass dabei die eigene Gesundheit, der Beruf, die Familie oder andere private Beziehungen nachhaltigen Schaden erleiden. Da nur wenige Bauherren alle Fähigkeiten besitzen und gleichzeitig die Zeit aufbringen können, um sehr umfangreiche Eigenleistungen ganz alleine zu erbringen, suchen sie in der Regel Unterstützung durch Freunde, Nachbarn, Arbeitskollegen in Form der Nachbarschaftshilfe. Als so genannte Muskelhypothek findet die Eigenleistung auch Eingang in die Finanzplanung.

Bei der Vorplanung sollte das gesamte Bauvorhaben auf sinnvolle Ausgliederungen der zu vergebenden Bauleistungen durchleuchtet werden: Welche Eigenleistung können beziehungsweise dürfen wir aufgrund unserer handwerklichen, organisatorischen, mathematisch-technischen Fähigkeiten überhaupt durchführen? Welche dieser Arbeiten lohnen sich angesichts der nur begrenzt verfügbaren Zeit in Angriff zu nehmen ?

Eigenleistungen verlangen ebenfalls eine gute Einplanung in den Bauprozess, die mit dem Architekten oder anderen Baufachleuten und auch gegebenenfalls den in Frage kommenden zukünftigen Helfern abzuklären ist. Die Gefahr besteht zudem darin, die eigenen Möglichkeiten zu überschätzen, insbesondere dann, wenn noch keine einschlägigen Erfahrungen vorliegen. Zu berücksichtigen ist auch, dass Probleme mit Nachfolgegewerken sowohl in zeitlicher als auch in haftungsrechtlicher Hinsicht entstehen können. Aber nicht immer muss nur das Sparmotiv der Antrieb für Eigenleistung sein. Es sind insofern auch nicht nur Arbeiten zu empfehlen, die einen hohen Lohnanteil haben. Wenn Bauherren eine Tätigkeit besonders gern erledigen, dann werden sie diese – genügend Zeit vorausgesetzt – auch ausführen, selbst wenn die dadurch erreichte Kostenersparnis unbedeutend sein sollte. Aus ökonomischer Sicht ist selbstverständlich der Aushub der Baugrube in Eigenleistung mit Schaufel und Schubkarre nicht zweckmäßig. Technisches Unternehmergerät wie Bagger und Kran arbeiten hier viel schneller und effektiver. Der Aushub der Fundamentgräben durch die Bauherren hingegen kann da schon wieder mehr Sinn machen. Maurerarbeiten zählen ebenfalls zu den häufigen Selbstbautätigkeiten. Sie gelten als relativ einfache, aber körperlich anstrengende Arbeit, die ein schnell sichtbares Erfolgserlebnis im Baufortschritt und eine hohe Baukostenreduzierung nach sich zieht.

Das Hauptbetätigungsfeld für den willigen Selbsthelfer bleibt aber vor allem der Innenausbau: Das Fliesenlegen rangiert bei den machbaren Innenausbaugewerken ganz oben. Die notwendigen Handgriffe sind schnell erlernt und die Ersparnis ist respektabel. Malen und Tapezieren gehören ebenso wie das Verlegen von Bodenbelägen zu den häufig selbst erbrachten Leistungen der Bauherren.

Für den Architekten und Bauunternehmer stellt sich die Aufgabe, diese Arbeiten fachlich zu überwachen und mit anderen Arbeiten zu koordinieren, damit es später keine bösen Überraschungen gibt.

Zusammengefasst sollten sich die Bauherren zum Thema Eigenleistung also folgende Fragen offen beantworten:

- Was kann man selbst in Eigenleistung sinnvollerweise durchführen ?
- Wo lohnt sich die Einplanung von Eigenleistungen ganz besonders ?
- Was ist gegenüber Folgegewerken bei der Durchführung von Eigenleistungen zu beachten ?
- Was sollte man in einem Werkvertrag zum Thema Eigenleistungen festlegen ?
- Wie sieht es mit Steuer- und Haftungsfragen und erforderlichen Versicherungen aus?
- Wie kann man die Eigenleistung organisieren ?

Mangel oder nicht?

Der Bauherr kann von seinen Vertragspartnern eine mangelfreie Bauleistung erwarten. Gerade bei Auseinandersetzungen um Unregelmäßigkeiten von Bauleistungen sind die

Fronten zwischen den Parteien häufig verhärtet. Der Bauherr ist enttäuscht und verärgert, dass das mit großem emotionalem und finanziellem Einsatz erstellte Bauwerk ihm nicht in allen Teilen gelungen erscheint. Der Handwerker oder Bauunternehmer vermutet dagegen hinter der Suche nach Kleinigkeiten und dem Rückbehalt von Geldern schnell eine nachträgliche Kosteneinsparung. Aus der Praxis lässt sich sagen, dass in nicht seltenen Fällen tatsächlich über das Ziel hinausgeschossen wird. Bemängelte Unregelmäßigkeiten wie kleine Risse, Kratzer, Farbabweichungen, Unebenheiten, Verschmutzungen oder vorübergehende Feuchtigkeitserscheinungen stellen sich nach eingehender Untersuchung als hinnehmbar heraus.
Von überwiegend in handwerklichen Einzelleistungen bei widrigen Witterungsverhältnissen hergestellten Gebäuden kann nicht die Exaktheit und Makellosigkeit erwartet werden, die man von anderen, industriell hergestellten Gebrauchsgütern gewohnt ist. Oder wie ein Hamburger Professor oft bemerkte – eine Baustelle ist keine Uhrmacherwerkstatt. Grundsätzlich gilt die Regel, Abweichungen am Bau während der Bauzeit, also vor der Abnahme zeitnah bemängeln und nachbessern lassen. Dies ist die ureigene Aufgabe des Architekten, der hier treuhänderisch für den Bauherrn tätig wird.
Nach den einschlägigen Vorschriften des Bürgerlichen Gesetzbuchs (BGB § 633) sowie der Verdingungsordnung für Bauleistungen (VOB, B) hat der Bauherr einen Anspruch auf die Erstellung eines mangelfreien Werks. Darüber hinaus muss das Bauwerk auch eventuell vereinbarte, zugesicherte Eigenschaften aufweisen. Ein Mangel liegt dann vor, wenn der Ist-Zustand (die ausgeführte Bauleistung) in negativer Weise vom Soll-Zustand (vertraglich vereinbarter oder üblicher Zustand) abweicht.
Eine zugesicherte Eigenschaft fehlt dann, wenn der Unternehmer sich im Vertrag ausdrücklich verpflichtet hat, dass die Ausführung des Bauwerks bestimmten Kriterien entspricht. Aufgrund der Vielzahl der Bauteile eines Gebäudes werden im Normalfall nur zu wenigen Einzelheiten vertragliche Einzelvereinbarungen getroffen. Im Streitfall gilt dann zwischen den Vertragspartnern nur der »übliche« Zustand, entsprechend den »Allgemein anerkannten Regeln der Bautechnik« wie DIN Normen und Fachregeln der einzelnen Gewerke, als vereinbart. Sollte man also an ein Bauteil besondere Anforderungen bezüglich Material, Farbe oder Oberflächenbeschaffenheit haben, sollte dies (eventuell mit Bemusterung) im Bauvertrag explizit vereinbart werden.
Die Beurteilung, was ein Mangel ist oder was nicht, fällt nicht immer leicht. Neben der Wertung der Beeinträchtigung entscheidet auch seine Position innerhalb des Hauses. So ist eine Unebenheit an einer verputzten Wand im Keller natürlich anders zu werten, als die gleiche Ungenauigkeit im Wohnzimmer oder im Eingangsbereich des Hauses.
Die häufigsten Mängel sind optische Beeinträchtigungen, Risse, allgemeine Beschädigungen und Verschmutzungen sowie Feuchtigkeitserscheinungen. Darüber hinaus sind Maßabweichungen und Toleranzen in Raumabmessungen zu nennen.
Abweichungen von Konstruktionsregeln wie zum Beispiel den DIN-Normen sind im Übrigen nicht zwangsläufig mangelhaft. Wenn die gewählte Konstruktion nachgewiesenermaßen der in den Regelwerken beschriebenen mindestens gleichwertig ist, liegt kein Mangel vor. Die Beweislast liegt hier allerdings beim Ausführenden. Besonders im Hinblick auf möglicherweise fehlende Langzeiterfahrungen kann die Beweisführung allerdings schwierig sein.
Die Beurteilung der hinnehmbaren Unregelmäßigkeiten kann ergeben, dass die kritisierten Abweichungen die vertraglich festgelegten Grenzwerte beziehungsweise die in den allgemein anerkannten Regeln der Bautechnik definierten Grenzwerte nicht überschreiten und somit der kritisierte Sachverhalt noch im Rahmen des vertraglich zu Erwartenden und des allgemein Üblichen liegt.
Es liegt dann folglich kein Mangel vor; die Unregelmäßigkeiten müssen als unvermeidbar und üblich hingenommen werden.
Ist die Nachbesserung einer als Mangel beurteilten Unregelmäßigkeit möglich, zumutbar und nicht unverhältnismäßig aufwendig, so hat der Bauherr einen Anspruch auf die Beseitigung des Mangels und auch der Unternehmer ein Recht auf Nachbesserung.
Dies gilt grundsätzlich auch für rein optische Beeinträchtigungen. In einer großen Zahl von Fällen kommen die Vertragspartner dem Wunsch des Bauherrn auch ohne lange Diskussion nach und beseitigen die beanstandete Unregelmäßigkeit.
Sind die vorliegenden Unregelmäßigkeiten als »Mangel« zu bezeichnen, so hat zwar der Bauherr grundsätzlich das Recht, dass der Mangel beseitigt wird. Gerade bei dem hier diskutierten Problemkreis ist es jedoch häufig der Fall, dass der Aufwand zur Beseitigung

unverhältnismäßig hoch ist im Vergleich zum »erzielbaren Erfolg«, das heißt dem Grad der Abweichung vom vertragsgemäßen Zustand. In solchen Fällen kann nämlich der Bauherr nicht auf einer Mangelbeseitigung bestehen, sondern die Abweichungen werden durch den so genannten Minderwert »in Geld« abgegolten.
Es ist übrigens nicht Ermessenssache des Bauherrn oder des Architekten, an Stelle der Nachbesserung die Zahlung eines Geldbetrages für den durch den Mangel entstandenen Minderwert zu verlangen. Der Unternehmer hat im Rahmen seiner Gewährleistungspflicht grundsätzlich das Recht, selbst den Mangel durch Nachbesserung zu beseitigen.

Notwendige Versicherungen

Gegen die finanziellen Risiken aus dem möglichen Eintritt von Schäden und Unfällen in der Bauphase kann sich der Bauherr versichern. Obwohl es Bauversicherungen schon seit über 100 Jahren gibt, bietet die Versicherungswirtschaft heute immer noch kein umfassendes Gesamtpaket, das alle Risiken beim Bauen im Bestand sinnvoll abdeckt. Aus dem reichhaltigen Marktangebot kann der Bauherr folglich nur selbst die für ihn geeigneten Versicherungen auswählen, die für den speziellen Risikoumfang seines geplanten Vorhabens einen hinreichenden Schutz bieten. Der Architekt soll bei dieser Frage helfen.

Im Folgenden seien die wichtigsten Versicherungsarten genannt:
Die Bauwesenversicherung deckt Schäden ab, die am bereits errichteten Bauwerk oder montierten Inventar durch Diebstahl, Sturm, Hochwasser und so weiter während der Bauphase auftreten. Grundsätzlich sollte auf diese Versicherung nicht verzichtet werden. Die Versicherungsprämie wird in der Regel auf alle Auftragnehmer gemäß den Regelungen im Bauvertrag umgelegt, da auch diese mittelbar Nutznießer in einem etwaigen Schadensfall sind.
Weiter empfiehlt es sich, vor Baubeginn eine Bauherren-Haftpflichtversicherung abzuschließen. Diese Versicherung deckt Schäden, die Dritten aus der Durchführung der Bauarbeiten oder aus Gefahren der Baustelle entstehen können. Sie schützt vor den finanziellen Folgen von Haftpflichtansprüchen, die im Zusammenhang mit dem Bauvorhaben an den Bauherrn gestellt werden können. Denn der Bauherr haftet für alle Schäden, die Außenstehende durch das Bauvorhaben und auf der Baustelle erleiden. Die Versicherungszeit erstreckt sich auf die gesamte Bauzeit und endet mit der Schlussabnahme.
Die Bauleistungsversicherung schützt den Bauherrn vor finanziellen Verlusten durch unvorhergesehene Beschädigungen oder Zerstörungen während der Bauzeit. Der Bauherr trägt bis zur Fertigstellung des gesamten Bauvorhabens das Risiko für Schäden durch höhere Gewalt, unabwendbare Umstände, Diebstahl oder außergewöhnliche Witterungseinflüsse an ordnungsgemäß erbrachten Bauleistungen.
Die Bau-Berufsgenossenschaften sind die Träger der gesetzlichen Unfallversicherung. Jedes Bauvorhaben muss deswegen der örtlichen Bau-Berufsgenossenschaft gemeldet werden. Gegen Arbeits- und Wegeunfälle sind alle an einem Eigenheimbau Beschäftigte (auch alle, die unentgeltlich helfen!) versichert – ausgenommen der Bauherr selbst. Bauherren haben die Möglichkeit, sich bei der Bau-Berufsgenossenschaft freiwillig zu versichern. In diesem Zusammenhang sei auch auf die Bauherren-Eigenleistungsausfallversicherung verwiesen. Sie sichert den Bauherrn, der Eigenleistungen am Bau erbringen will, bei Arbeitsunfähigkeit durch Unfall, längere Krankheit oder bei Tod ab.
Eine vom Bauunternehmer beziehungsweise Baubetreuer abzuschließende Baufertigstellungsversicherung stellt im Falle der Zahlungsunfähigkeit oder des Konkurses des Bauunternehmers die Fertigstellung des Gebäudes sicher. Die im Schadensfall entstehenden Mehrkosten für die Fertigstellung durch Drittfirmen sind hierin ebenfalls eingeschlossen.
Eine Glasversicherung deckt Schäden an der Gebäude- und Mobiliarverglasung. Aber Achtung: sie gilt nicht für Glasscheiben, die während der Bauzeit ausgebaut und an anderer Stelle gelagert werden.
Alle Haftpflichtrisiken, die sich aus dem Besitz eines Hauses oder Grundstücks ergeben, lassen sich durch eine Haus- und Grundstücks-Haftpflichtversicherung abdecken. Eine solche Versicherung wird nach Abschluss der Bauarbeiten erforderlich. Sie ist entbehrlich, wenn es sich um ein vom Besitzer allein bewohntes Einfamilienhaus oder eine Eigentumswohnung handelt, die ausschließlich Wohnzwecken dient. In diesen Fällen reicht eine Privat-Haftpflichtversicherung aus.
Eine Gewässerschaden-Haftpflichtversicherung schützt gegen Haftpflichtansprüche aus Gewässerschäden (z. B. bei unterirdischer Brennstofflagerung).
Bei bestehenden Versicherungen wie Wohngebäude- und Hausratversicherungen ist der Versicherer unbedingt vor Baubeginn von der geplanten Umbau- oder Erweiterungsmaßnahme zu unterrichten, da diese Bautätigkeiten immer ein über den normalen Gebrauch des Hauses hinausgehendes Risiko darstellen. Die Versicherungen sprechen hier von »gefahrerhöhenden Umständen«.

Der transluzente Galerieanbau – auch als Wohnstudio genutzt – sucht durch seine klare, geometrische Form den Dialog mit dem klassischen Nachkriegs-Satteldachhaus. Architekt: Dr. Peter H. Schurz, CH-Graz

Projekte

Wohnhauserweiterung in Überlingen, Baden-Württemberg
Architekten: bfa Büro für Architektur, Stuttgart

Atelier in Gemeinschaft

Zwei eigenständige Häuser: Nicht Unterordnung, sondern Gleichberechtigung war Leitmotiv des Atelierentwurfs.

Ein kleines, krüppelwalmbedachtes Wohnhaus, gebaut um die Jahrhundertwende in Überlingen am Bodensee, sollte um ein Bildhauer- und Maleratelier erweitert werden. Leider wies der für dieses landschaftlich reizvolle Gebiet geltende Bebauungsplan nur ein kleines Baufenster aus und schränkte damit die neu zu bebauende Fläche erheblich ein. Raumökonomisch wurde exakt entlang der Baugrenzlinie an der Ostseite des Altbaus in Holzbauweise auf massivem Untergeschoss ein Quader errichtet, der sowohl über einen eigenen Zugang von außen als auch über eine erdgeschossige Anbindung zum Altbau erschlossen werden kann. Die Nutzfläche des Ateliers verteilt sich auf drei Ebenen, wobei das Atelier aufgrund seiner Dimensionierung die zentrale Position einnimmt. Im Kellergeschoss befindet sich die Werkstatt, im Obergeschoss ein zweites Magazin.
Nach außen präsentiert sich der Baukörper mit den präzise eingeschnittenen Fensterflächen ruhig und verschlossen, im Innern und zum Altbau hin jedoch löst sich die monolithische Form in strukturelle Elemente auf. Die Raumerweiterung verbindet sich in einer Art Metamorphose mit dem Vorhandenen, ohne die bauliche Eigenständigkeit als klar definierter Anbau aufzugeben. Wechselvolle Blickbeziehungen zwischen Alt und Neu und der nahen Umgebung unterstützen dieses dynamische, räumliche Konzept.
Als Fassade dient vorpatiniertes Kupferblech, das die Massivität des Quaders unterstreicht. Innen, dort wo der Körper einen fließenden,

Das Innenleben: Decken, Böden und Wände sind komplett in Holz ausgeführt.

Die großflächig geschlossene Außenfassade erhält ihre lebendige Wirkung durch die Verwendung von vorpatinierten Kupferblechen in unterschiedlichen Breiten und Längen.

dynamischen Charakter besitzt, verwendeten die Architekten als Ausbaumaterial vor allem Holz. Zur Wärmedämmung wurde Zellulose in die Hohlräume der Konstruktion eingeblasen. Die Umbauzeit war äußerst knapp bemessen, da das Haus während der Baumaßnahmen bewohnt blieb. Auch sollte der eingewachsene Garten nicht mehr als nötig in Mitleidenschaft gezogen werden. Um dies zu erreichen, wurden für die Holz-Rahmenbauweise vorgefertigte Elemente benutzt, wodurch sich die Gesamtbauzeit vor Ort auf wenige Wochen reduzierte.

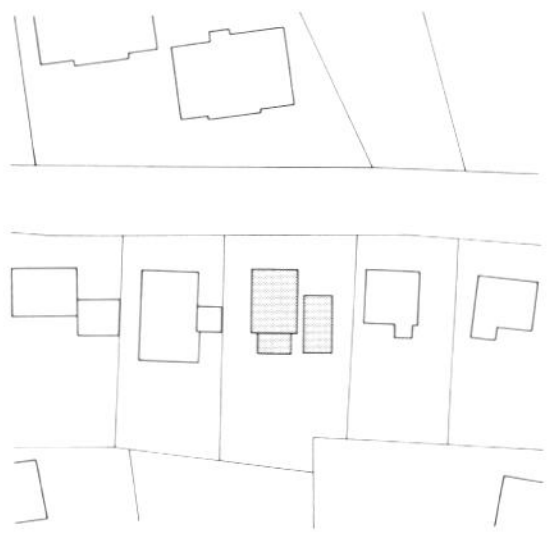

Lageplan

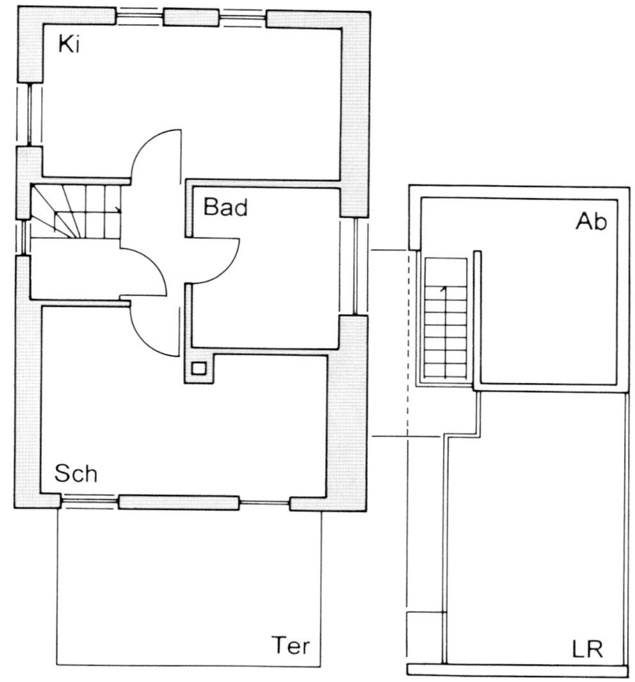

Obergeschoss

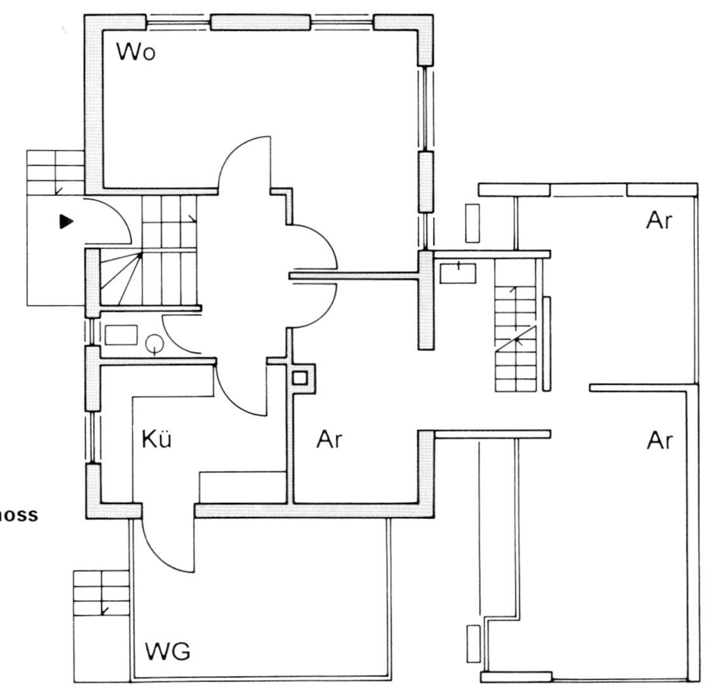

Erdgeschoss

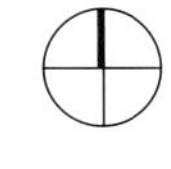

M 1:200

Baudaten

Aufgabe: Erweiterung eines Wohnhauses um ein Atelier

Grundstücksgröße:	552 m²
Bestand:	58 m²
Überbaute Fläche mit Erweiterung:	102 m²
Wohnfläche vor dem Ausbau:	93 m²
Wohnfläche nach dem Ausbau:	103 m²
Nutzfläche vor dem Ausbau:	57,2 m²
Nutzfläche nach Ausbau:	150 m²
Anzahl der Bewohner:	3
Baukosten, Atelier:	DM 295.000,–
Baukosten je m²:	DM 2.864,–
Baujahr Bestand:	1908
Baujahr Umbau/Erweiterung:	1999

Bauweise und Materialien

Konstruktion: Holz-Rahmenbauweise mit Massivholz-Deckenelementen

Außenhaut: vorpatiniertes Kupfer

Umbau eines Hofes zum Wochenendhaus in Eigeltingen-Rorgenwies, Baden-Württemberg
Architekten: bfa, Büro für Architektur, Stuttgart

Ein selbstverständliches Ganzes

Die von den Planern behutsam ergänzten Bauteile ergeben zusammen mit dem Bestand viel mehr als nur die Summe ihrer Teile.

Am südlichen Rand von Rorgenwies, einem kleinen Dorf im Hegau im Hinterland des Bodensees lag in den sanft ansteigenden Streuobstwiesen ein unscheinbares Anwesen, dessen baulicher Zustand augenscheinlich nach einer Wiederbelebung rief.
Eine Restauratorin erwarb nach langer Suche dieses Ensemble aus winzigem Wohnhaus und Scheune und verwirklichte mit Zielstrebigkeit und der Hilfe des Architektenteams Antje Krauter, Matthias Ludwig und Friedericke Oertel die Verwandlung in ein kleines, intimes Refugium für Wochenenden und Ferien.
Anders jedoch, als der Beruf der neuen Eigentümerin hätte vermuten lassen, wurden die heruntergekommenen Gebäude nicht etwa in liebevoller Kleinarbeit originalgetreu wiederhergestellt. Im Gegenteil. Die Altbausubstanz erfuhr eine radikale Entkernung und stellt sich heute nach Erweiterung und Vervollständigung durch zwei simple Zubauten als neues, spannungsreiches Gesamtwerk dar.
Der ehemals kleinteilige Grundriss des bestehenden Wohnhauses geht nun in einem Gesamtraum auf. Ein möbelartiger Kern gliedert den bis unter den Dachfirst geöffneten Raum in zwei unterschiedlich große Zonen und bietet gleichzeitig Raum sparenden Platz für Schränke, einen Kaminofen, die daran angeschlossene Luftheizung und die über eine steile Treppe zugängliche Schlafgalerie.
Die direkt an das Haus angelehnte Box als einer der beiden neuen, eingeschossigen Ergänzungsbauten nimmt Küche und Bad auf, während der zweite Riegel, frei und im rech-

Die kargen Räume mit ihrer minimalen Möblierung lassen eher an ein großstädtisches Loft als an ein Ferienhaus in ländlicher Umgebung denken.

ten Winkel zum Haus stehend, als Arbeitsbeziehungsweise Gästezimmer genutzt wird. Seine hofzugewandte Fassade ist raumhoch verglast, die Rückwand setzt sich dagegen von der Konstruktion ab, sodass sich in der Decke ein durchgehender Lichtschlitz bildet. Die extrem schmalen Anbauten sind über ein vor dem Wohnhaus verlaufendes Holzdeck miteinander verbunden und formulieren durch ihre intelligente Stellung zueinander sowie zum Bestand einen attraktiven Innenhof. Die Konstruktion besteht aus in Längsrichtung gespannten Stahlbetonrahmen, die an den Seiten mit leichten Fassadenelementen geschlossen wurden.
Alte und neue Gebäudeteile ergänzen sich auf selbstverständliche Weise. Ihr Verhältnis ist weder durch eine klare Unterscheidung zwischen Bestand und Neubau noch durch deren Durchmischung gekennzeichnet. Vielmehr bilden sie neben- und miteinander ein nicht mehr zu trennendes Ganzes. Der Ausbau der Scheune zu einer zweiten Wohneinheit wurde aus Kostengründen vorerst zurückgestellt. Man darf gespannt sein.

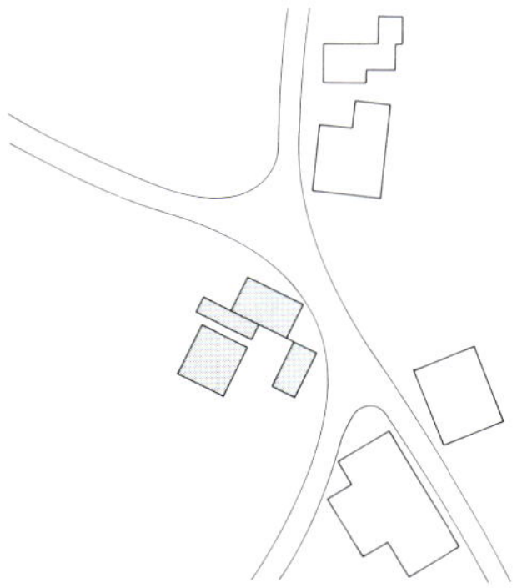

Lageplan

CAD-Perspektive

Erdgeschoss

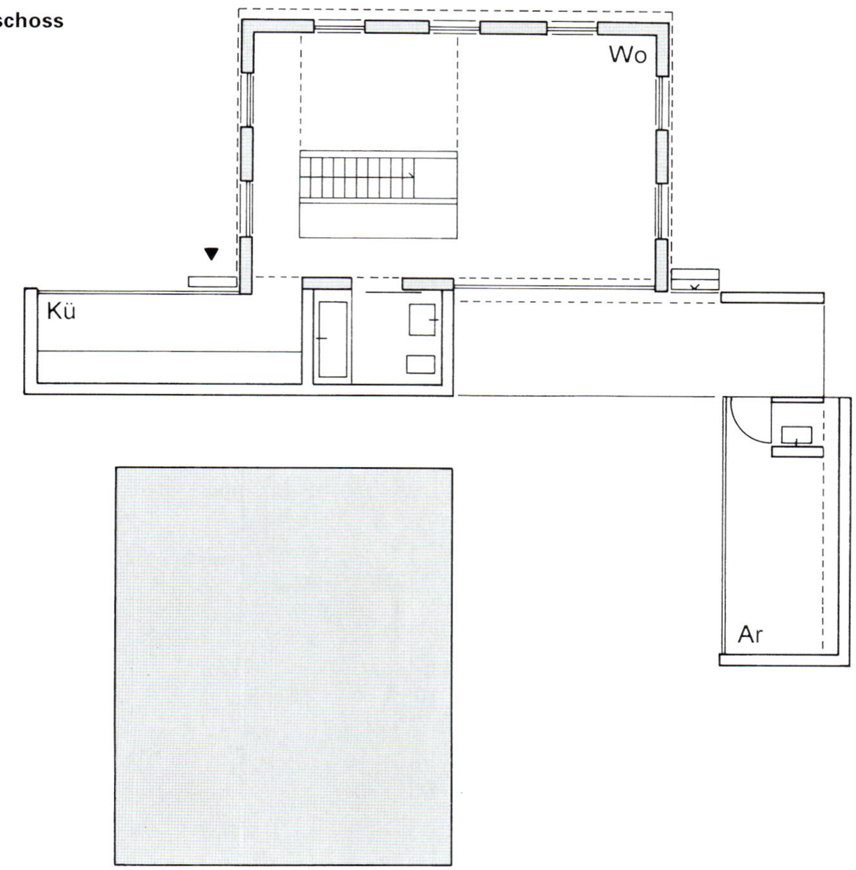

M 1:200

Baudaten

Aufgabe: Umbau und Erweiterung eines bäuerlichen Wohnhauses zu einem Wochenendhaus

Grundstücksgröße:	989 m²
Überbaute Fläche Bestand:	54 m²
Überbaute Fläche mit Erweiterung:	87 m²
Wohnfläche vor dem Ausbau:	42 m²
Wohnfläche nach dem Ausbau:	95 m²
darüber hinaus Nutzfläche:	21 m²
Anzahl der Bewohner:	2
Baukosten, gesamt:	DM 245.000,–
Baukosten je m² Wohnfläche:	DM 2.578,–
Baujahr Bestand:	1945
Baujahr Umbau/Erweiterung:	1997

Bauweise und Materialien

Bestand: Mauerwerk, Putz
Erweiterung: Rahmen in Sichtbeton, Holz-Mehrschichtplatten

Erweiterung eines Zweifamilienhauses in Nagold, Baden-Württemberg
Architekt: Hans-Peter Bonasera, Nagold

Licht und leicht

Die fein detaillierte, filigrane Stahl-Glas-Konstruktion mit Stützen, Haupt- und Nebenträgern.

Das teilweise sehr steile Hanggrundstück in stadtnaher Lage zu Nagold im Schwarzwald grenzt unmittelbar an ein Landschaftsschutzgebiet. Hier bewohnt der Architekt Hans-Peter Bonasera ein einfaches, dreigeschossiges Zweifamilienhaus aus den fünfziger Jahren, das bis zum Umbau wenig Bezug auf seine reizvolle Umgebung nahm. An seiner Nordwestseite, die bislang ungenutzt und lediglich von Bodendeckern überwuchert war, plante der Architekt einen Anbau in Gestalt eines Wintergartens. In dieser rundum verglasten Erweiterung entstanden ein kleiner Arbeitsraum sowie ein Essplatz inmitten von Bäumen und Sträuchern. Der besonderen Grundstückssituation Rechnung tragend folgt der Grundriss der Topografie und treppt sich entsprechend ab.
Von innen wird das kleine Glashaus durch zwei Ganzglas-Türen von der Küche des Altbaus erschlossen, über eine außen liegende Treppe aus Tränenblech gelangt man in den Garten. Ein Treibhauseffekt im Sommer wird durch die natürliche Laubbaumbeschattung und den zusätzlichen, innen liegenden Sonnenschutz verhindert.
Die Tragkonstruktion des Glashauses ist denkbar einfach. Drei Stahlrohrrundstützen mit einem Zweifeldträger ebenfalls aus Rundrohr bilden die filigrane Primärkonstruktion. Darauf liegt das leicht geneigte Dach aus gelochten T-Profilen und Sicherheitsglas. Die Nordwestfassade, in die vier querformatige Kippflügel sowie ein Lamellen-Lüftungselement eingesetzt sind, stößt im rechten Winkel

Der Glasanbau ist an der Giebelseite des Altbaus platziert und wird im Sommer von alten Bäumen beschattet.

Die nahezu entmaterialisierte Außenhaut trennt wie eine Membran Arbeits- und Essplatz vom Draußen.

Auf unterschiedlichen Höhen angeordnete, horizontale Kippfenster und Lamellenfensterbänder sorgen für die Durchlüftung des Glashauses.

an die Dachtraufe und ist somit ebenfalls leicht geneigt. Die Isolierverglasung liegt in Moosgummi-Dichtungsbändern und wird über Aluminiumleisten gehalten. Durch eine Deckleistenbreite von 40 mm in der Fassade beziehungsweise 50 mm im Dach tritt der Wintergarten als zarte Konstruktion in Erscheinung. Ein heller Kunststeinbelag sowie einzelne Einbauten aus Buchenholz schaffen gemeinsam mit der konstruktiv klar ablesbaren Tragkonstruktion ein auch in seiner Farbgestaltung zu den fünfziger Jahren passendes, heiteres, naturverbundenes Wohngefühl.

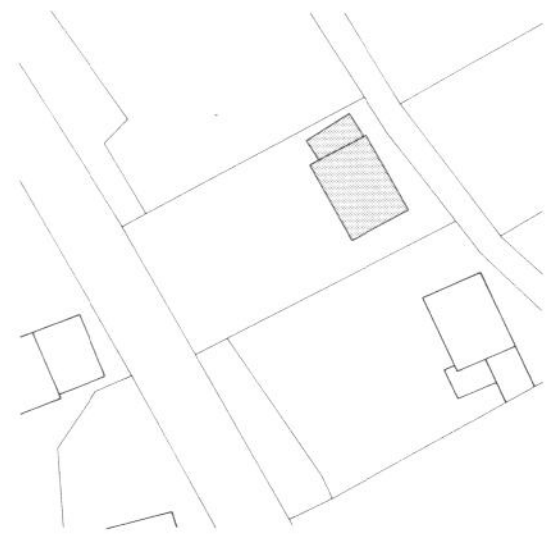

Lageplan

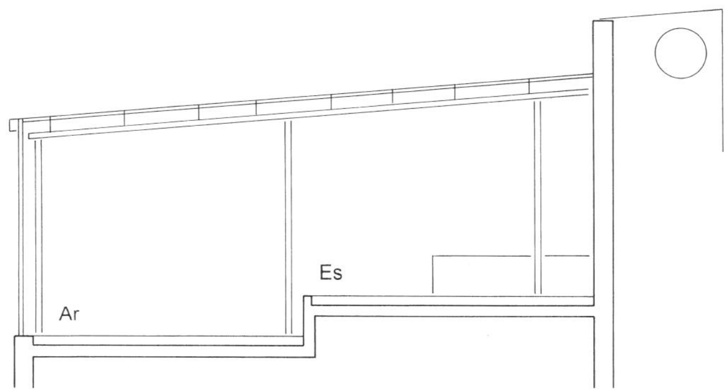

Längsschnitt

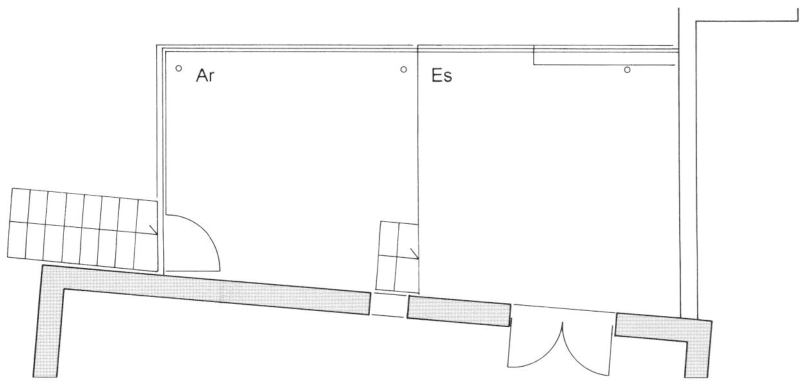

Grundriss

M 1:100

Baudaten

Aufgabe: Erweiterung eines Zweifamilienhauses aus den fünfziger Jahren

Grundstücksgröße:	788 m²
Überbaute Fläche Bestand:	108 m²
Überbaute Fläche mit Erweiterung:	131 m²
Wohnfläche vor dem Ausbau:	80 m²
Wohnfläche nach dem Ausbau:	103 m²
Anzahl der Bewohner:	3
Baukosten, gesamt:	DM 43.000,–
Umfang Eigenleistung:	DM 20.000,–
Baujahr Bestand:	1956
Baujahr Umbau / Erweiterung:	1991

Bauweise und Materialien

Handelsübliche Stahl-Rundstützen und T-Profile, Dach: Verbundsicherheits-Isolierglas, Aluminium-Deckleisten 40 und 50 mm, Fußboden: gelb gefärbter Betonstein auf schwimmendem Estrich

Erweiterung eines Einfamilienhauses in Riemerling, Bayern
Architekten: Gassner & Zarecky, Riemerling

Start Up im Siedlerhaus

Die bestehende Garage wurde in die Gesamtgestaltung durch die Ummantelung mit grauer Stülpschalung mit einbezogen.

Nicht nur monetäre Erwägungen, sondern auch emotionale Bindungen an ein Haus und seinen Ort sind häufig Gründe, die Sanierung einem Neubau vorzuziehen. Als Beispiel steht dafür dieses Haus eines der Büropartner des Architekturbüros Gassner & Zarecky in Riemerling bei München.
Das geputzte Satteldachhaus wurde 1958 von den Großeltern nach der Flucht aus Sudetendeutschland errichtet. Im Laufe der Jahrzehnte erfolgte ein schrittweiser Ausbau des neuen Zuhauses in umfangreicher Eigenleistung.
Der Enkel hatte nun den Wunsch, das Haus für sich und seine Familie generalzusanieren und darüber hinaus gleichzeitig eine Arbeitsstätte für sein junges Büro zu schaffen.
Zunächst wurden der Um- und Ausbau des Wohnhauses in Angriff genommen. Geändert wurde vor allem der ehemals kleinteilige Grundriss des Erdgeschosses zugunsten einer offeneren Wohnform und mehr Transparenz. Nach Südwesten erweiterten die Architekten den Wohnraum über die bestehende Loggia hinaus mit einem schräg verglasten Erker, der nun als direkte Gartenanbindung fungiert. Die innere Veränderung zog ebenfalls eine Neuanlage der Terrasse und des Gartens nach sich.
Als Kontrast zu dem bestehenden Siedlerhaus sollte das Büro in einem zeitgemäßen Anbau Platz finden mit Anbindung an das alte Haus über den Keller. Um die Räume im Kellergeschoss besser belichten zu können, wurde die Nutzfläche auf versetzten

Ebenen, Split-levels, geplant, was in der äußeren Form der Erweiterung durch die gegeneinander versetzten Pultdächer ebenfalls sichtbar ist.
Ein erster Entwurf mit einem über die ganze Breite in einer Fläche ansteigenden Pultdach wurde von der Gemeinde als zu großflächig abgelehnt. So zeigt sich heute der Altbau mit seiner neuen Ergänzung durch die Wahl verschiedener Materialien als kleinteiliges, harmonisches Gefüge.

Das Augenmerk der Architekten lag nicht nur in der Gestaltung der Baukörper, sondern auch in einer durchdachten Außenraumplanung.

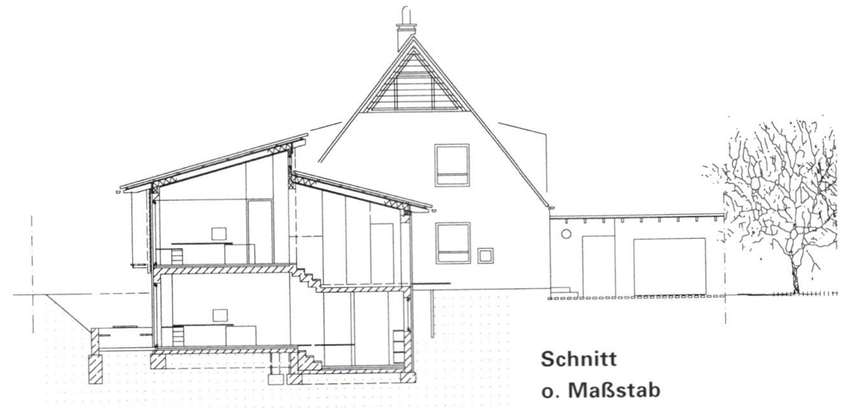

Schnitt
o. Maßstab

Der schräg ausgestellte Glaserker am Wohnraum.

Die Abgrabung vor den Fenstern im unteren Level sorgt für ausreichende Belichtung der Arbeitsbereiche.

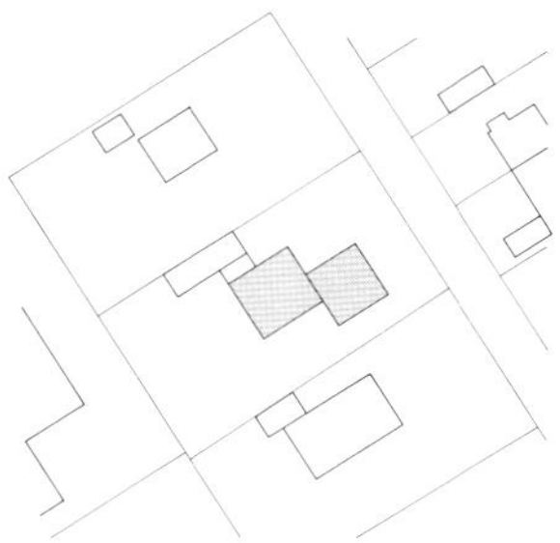

Lageplan

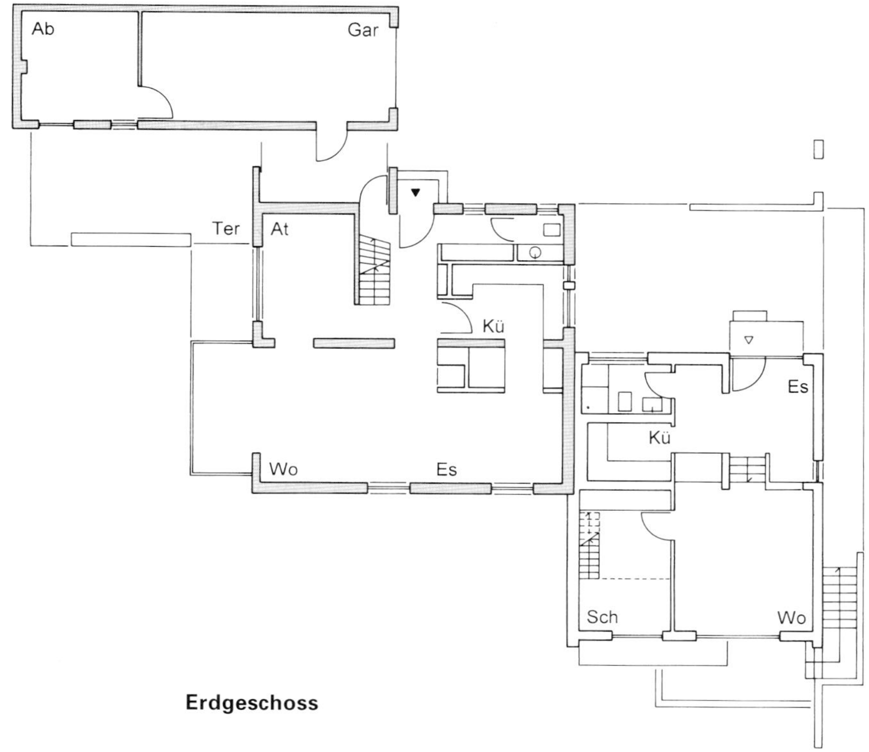

Erdgeschoss

Baudaten

Aufgabe: Umbau eines Einfamilienhauses mit Erweiterung für eine Büronutzung

Grundstücksgröße:	975 m²
Wohn-/Nutzfläche vor Ausbau:	110 m²
Wohn-/Nutzfläche nach Ausbau:	246 m²
Altbau:	145 m²
Erweiterung:	101 m²
Anzahl der Bewohner:	4
Baukosten Umbau:	DM 175.000,–
Baukosten Erweiterung:	DM 200.000,–
Umfang Eigenleistung:	viel
Baujahr Bestand:	1958
Baujahr Umbau/Erweiterung:	1996
Planungs- und Bauzeit:	24 Monate

Bauweise

Stahlbeton-Massivbauweise mit Vollwärmeschutz, Nadelholz-Dachstuhl mit Eternitdach Wärmedämm-Verbundsystem, horizontale Holzschalung

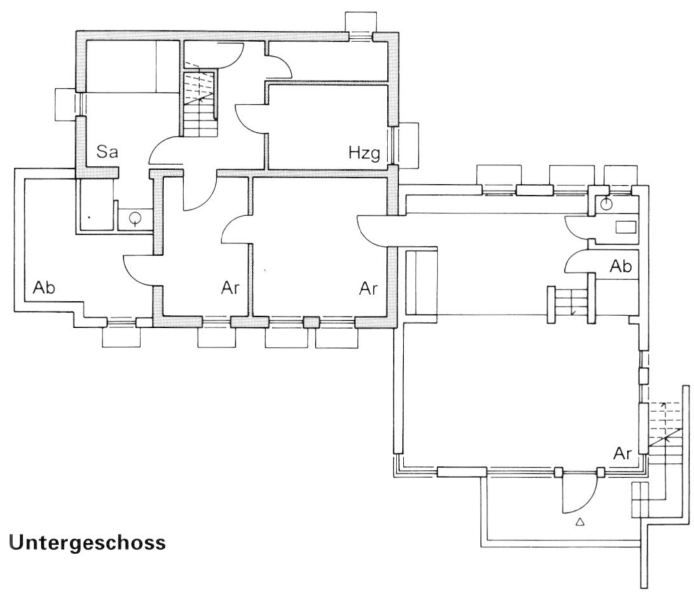

Untergeschoss

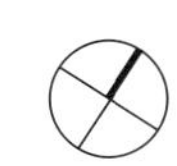

M 1:250

Fachwerkhauserweiterung in Leverkusen, Nordrhein-Westfalen
Architekten: Goerdt und Schwarz, Köln

Rostlaube im Bergischen

Die 3 mm starken Corten-Stahlplatten sind mit offenen Fugen sichtbar auf die Unterkonstruktion geschraubt.

Der Ortsteil Quettingen liegt am nördlichen Rand der Bayer-Stadt Leverkusen im Übergang zum Bergischen Land mit den für diese Region typischen schieferverkleideten Fachwerkhäusern.
An einer leicht geschwungenen, abschüssigen Straße fällt der Blick auf eine kleine Box, die sich in Material- und Formensprache gänzlich von der übrigen Umgebung abhebt: statt Schiefer und Fachwerk ein scharfkantiger Kubus aus rostigem Corten-Stahl. Er ist das Werk der Kölner Architektinnen Marion Goerdt und Irene Schwarz, die von der Bauherrenfamilie gebeten wurden, das Erdgeschoss ihres 1989 komplett rekonstruierten Fachwerkhauses um einen Raum zu erweitern.
Der über eine 70 cm breite Glasfuge an das zweigeschossige Haus angebundene Baukörper verfügt über rund 20 m² Wohnfläche und bildet einen effektiven Sichtschutz zwischen Garten und öffentlicher Straße, was der durch die rechtwinkelige Anordnung des neuen Bauteils entstandenen Terrasse eine wertvolle Intimität verschafft.
Für die Fassadengestaltung des Anbaus suchten die Architektinnen nach einem Material, das sich vom vorhandenen Gebäude deutlich absetzt. Sie erinnerten sich an einen Besuch des Walter Benjamin-Denkmals in Fort Bou an der französisch-spanischen Grenze, das sie in seiner kraftvollen und rohen Ausstrahlung aufgrund des hier von dem israelischen Künstler Dani Karavan verwendeten Corten-Stahls beeindruckt hatte. Das Material Stahl verwies

Die Stellung der Erweiterung im rechten Winkel zum Haupthaus ließ einen idyllischen, intimen Gartenhof entstehen.

Die gläserne Nahtstelle zwischen dem wieder aufgebauten Fachwerkhaus und dem modernen Stahl-Annex.

zudem auf die ganz besondere historische Verbindung zwischen Eisen und Fachwerk in dieser Region: den Stahl produzierenden Fachwerk-Wassermühlen und den Stahl- und Klingenschmieden des Bergischen Landes. Die Umsetzung dieser Idee erwies sich jedoch anfänglich als gar nicht so einfach. Das Angebot einer Metallbaufirma von rund DM 100.000,– allein für die Konstruktion der Stahlfassade ließ die Bauherren zunächst vom Bau einer solchen exklusiven Außenhaut zurückschrecken. Schließlich fand sich zu guter Letzt doch ein Schlosserbetrieb, der die Fassade für knapp ein Fünftel der zuerst veranschlagten Summe anfertigte. Die Formate der 3 mm starken Stahlplatten wurden so gewählt, dass sie trotz ihres hohen Gewichts noch handhabbar blieben. Die Gliederung der neuen Fassade sollte zudem mit dem nebenan vorhandenen Fachwerkraster korrespondieren. Um das Ablaufen der durch die Plattenfugen eintretenden Feuchtigkeit sicherzustellen, wurden die einzelnen Stahlplatten hinterlüftet und nur punktuell auf die Holzkonstruktion geschraubt. Der Korrosionsprozess der Stahlplatten vollzog sich so schnell, dass sich innerhalb nur weniger Wochen die anfänglich noch stahlblaue Fassade in ein warmes Rostrot verwandelte.

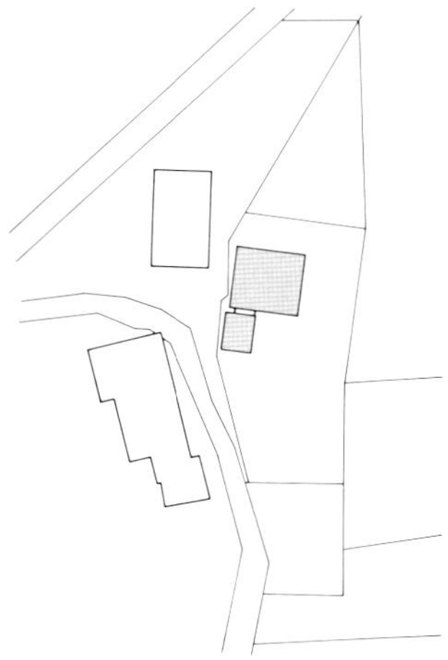

Lageplan

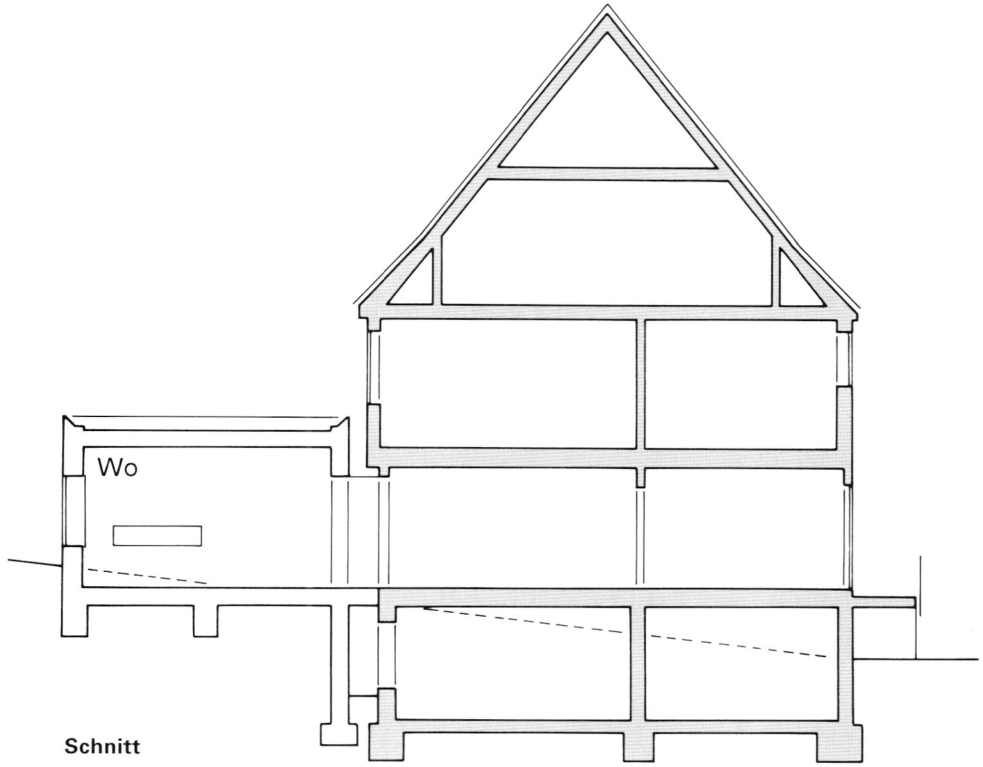

Schnitt

Grundriss

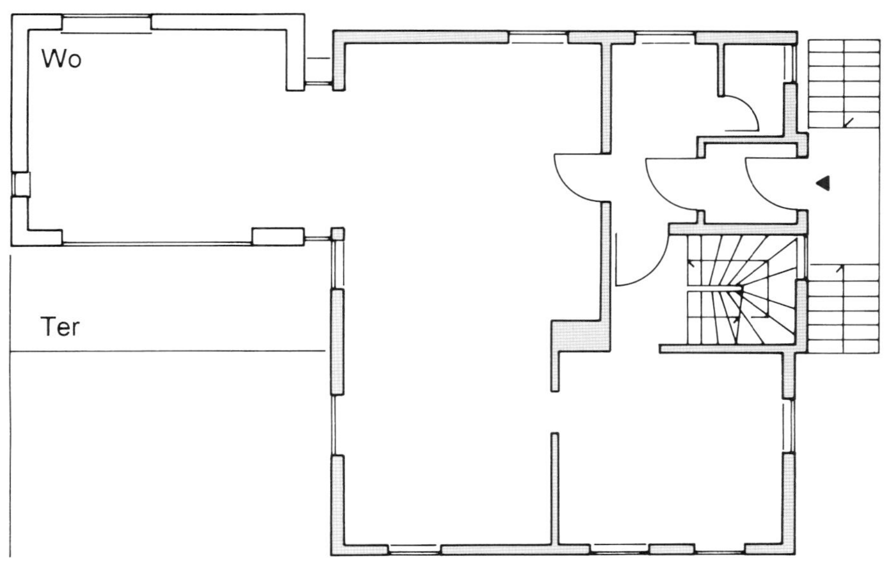

M 1:200

Baudaten

Aufgabe: Erweiterung eines Fachwerkhauses	
Grundstücksgröße:	636 m²
Überbaute Fläche Bestand:	85 m²
Überbaute Fläche mit Erweiterung:	109 m²
Wohnfläche vor dem Ausbau:	179 m²
Wohnfläche nach dem Ausbau:	197 m²
darüber hinaus Nutzfläche:	17 m²
Anzahl der Bewohner:	6
Baukosten, gesamt:	DM 97.000,–
Baukosten je m² Wohnfläche:	DM 4.000,–
Baujahr Bestand:	1989 (Rekonstruktion)
Baujahr Umbau/Erweiterung:	1998

Bauweise und Material

Konstruktion: Holz-Rahmenbauweise

Außenfassade: Stahlplatten (Corten)

Hoferweiterung in Unterolberndorf, A-Wien
Architekten: Hochholdinger.Knauer, Architekten, Wien

Haus und Hof

In einem Dorf 30 km nördlich von Wien ist ein Einfamilienhaus als Ergänzung eines Hofensembles entstanden, das durch seine urbane Architektursprache eindeutig die Nähe zur Großstadt erkennen lässt.
Auf dem zu bebauenden Grundstück befanden sich für diese Gegend typische bäuerliche Wirtschafts- und Wohngebäude, die von einer Hofeinfahrt zur Straße geschützt um einen intimen Innenhof gruppiert waren. Der nicht mehr bewirtschaftete Hof sollte den neuen Eigentümern Platz für ein zeitgemäßes, nach ökologischen und energetischen Gesichtspunkten konzipiertes Wohnhaus bieten, wobei das bestehende L-förmige Bauernhaus samt Weinkeller erhalten bleiben sollte. Alle anderen Gebäude der Hofanlage wurden abgebrochen.
Das umgestaltete Anwesen wird nach wie vor durch das alte Tor erschlossen. Danach erreicht man über den Innenhof das in Teilen zweigeschossige Wohnhaus, dessen Ansicht sich mit großen Glasflächen dem Eintretenden präsentiert. Wegen des südwestlich leicht abschüssigen Geländes ließen die Architekten das Erdgeschoss im hinteren Teil in den Hang eingraben.
Das Fußbodenniveau des Erdgeschosses treppt sich entsprechend dem Geländeverlauf ab, wodurch unterschiedlich hohe Räume entstanden. Das Grasdach des lang gestreckten Wohn- und Esszimmers wurde durch ein umlaufendes Lichtband von den erdberührten Wänden abgesetzt, das eine großzügige Belichtung und Blickbeziehung zum höher

Das bäuerliche Anwesen vor seiner Transformation.

Ein umlaufender Stahlträger bildet die Traufe und hält das Gebäude optisch zusammen. Aus dem Abbruch bewahrte Natursteine wurden für die neuen Stützwände der Terrassen wiederverwendet.

Im Vordergrund das restaurierte Torhaus, im Hintergrund das das Ensemble ergänzende neue Wohnhaus.

Die Gangfläche ist im Obergeschoss als kleine Galerie ausgebildet. Von hier aus entsteht eine Blickbeziehung zur Küche im Erdgeschoss.

In Bad und Küche beweisen die Architekten Stilsicherheit durch den harmonischen Umgang mit Materialien und Farben.

gelegenen Obstgarten zulässt. Ein großes, über Eck geführtes Fenster im Obergeschoss oberhalb der Treppe gibt den Blick auf den hinteren Gartenteil mit altem Nussbaum frei und erhellt die Diele im Erdgeschoss.
Dem Wohn- und Essbereich lagerten die Planer eine glasgedeckte Terrasse vor. Sie ist über die großflächigen Glaselemente als sommerliche Erweiterung dem Wohnbereich zuschaltbar, was auch durch die niveaugleiche Fortsetzung des grauen Schieferbodens deutlich wird.
Das Obergeschoss wurde in Anlehnung an die umgebenden Stadel und Scheunen der Nachbargrundstücke als reiner Holzbau errichtet. Die Erschließung erfolgt zum einen über eine Treppe vom Erdgeschoss, zum anderen auch über einen eigenen, rückseitigen Garteneingang.
Das Energiekonzept basiert auf den Prinzipien eines Niedrigenergiehauses. Neben den dafür erforderlichen baulichen Voraussetzungen wie Orientierung der Räume, hohe Wärmedämmung und Speicherfähigkeit (Gründach, erdberührte Wände) ist das Haus mit kontrollierter Be- und Entlüftung ausgestattet, wobei die Zuluft zur Vorklimatisierung über einen unter der Bodenplatte geführten Erdkanal vorgewärmt beziehungsweise im Sommer gekühlt wird. Über einen Wärmetauscher wird im Winter die Wärme der Abluft an die Zuluft übertragen.

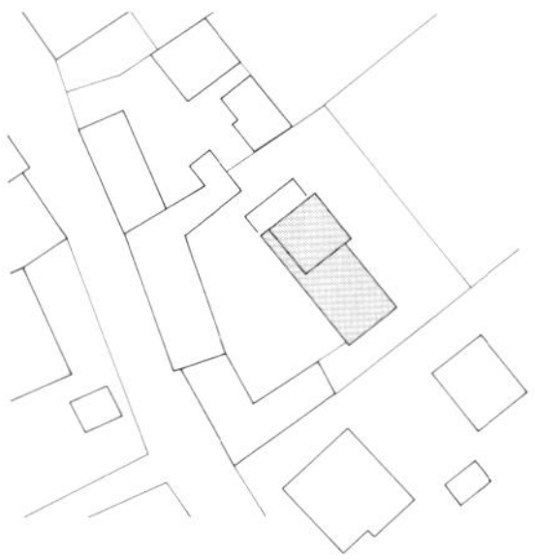

Lageplan

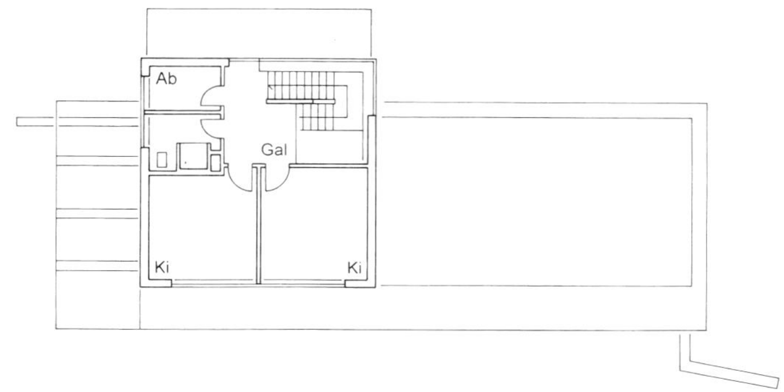

Obergeschoss

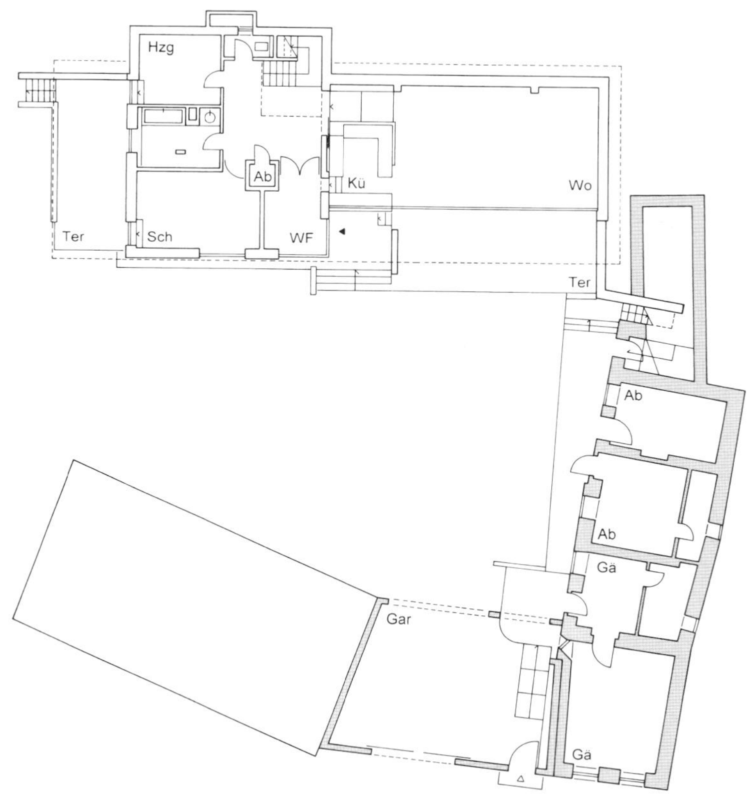

Erdgeschoss

M 1:300

Baudaten

Aufgabe: Sanierung und Ergänzung einer Hofanlage um ein Wohnhaus

Grundstücksgröße:	1.027 m²
Überbaute Fläche Bestand:	130 m²
Überbaute Fläche mit Erweiterung:	360 m²
Wohnfläche vor dem Ausbau:	50 m²
Wohnfläche nach dem Ausbau:	203 m²
darüber hinaus Nutzfläche:	100 m²
Anzahl der Bewohner:	4
Baukosten, gesamt:	DM 800.000,–
Baukosten je m² Wohnfläche:	DM 3.200,–
Baujahr Bestand:	ca. 1920
Baujahr Umbau/Erweiterung:	1998/99
Bauzeit:	13 Monate

Bauweise und Material

Erdgeschoss: Massivbauweise mit Putzflächen und Sichtmauerwerk

Obergeschoss: Holzständerbau mit Paneelfassade

Gründach, Schieferboden

Einfamilienhauserweiterung in Remscheid, Nordrhein-Westfalen
Architekten: Kalhöfer – Korschildgen, Köln

Bewegtes Lottchen

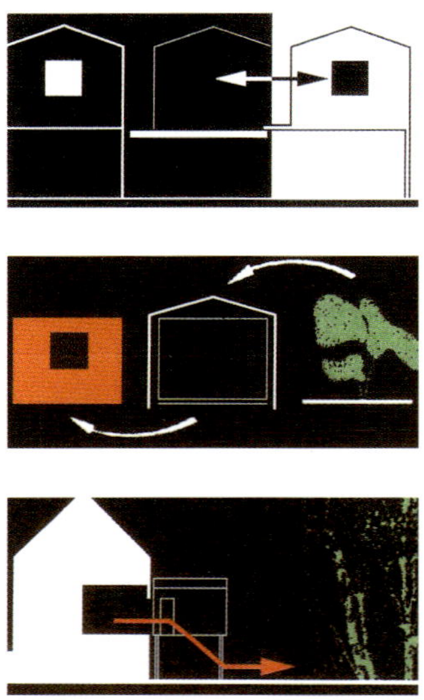

Die komplexe Aufgabe, in Piktogrammen vereinfacht dargestellt.

Rechte Seite:
Die Erweiterung in Sommerstellung...
... und in Slow Motion.

Ein typisches bergisches Fachwerkhaus im Grünen inmitten eines Landschaftsschutzgebiets wurde der Eigentümerin zu klein. Die Wohnung im Erdgeschoss nutzte sie selbst, während das Obergeschoss vermietet war. Die freiberufliche Journalistin wünschte sich ein Arbeitszimmer mit einem unmittelbaren Zugang zum großen Garten. Dieser war bisher ausschließlich über eine Kellertreppe möglich.
Komplex wurde die zunächst überschaubar und klar wirkende Aufgabe durch zwei schwierige Anforderungen, die die Bauherrin an die Erweiterung stellte: zum einen sollte der zusätzliche Raum nur temporär bis zur Übernahme des Obergeschosses als Arbeitszimmer genutzt werden, zum anderen sollte die Erweiterung entsprechend den Witterungsverhältnissen und Jahreszeiten unterschiedlich erschlossen werden können.
Starker Tobak für die Planer. Um allen Anforderungen gerecht zu werden, schlugen sie einen mobilen Einraum vor, dessen darüber hinaus geforderter späterer Umbau zu einem Gewächshaus mit in die Planungsüberlegungen einfloss.
Die Architekten entwickelten zu dem bereits in den fünfziger Jahren am Haus ergänzten Anbau ein Pendant, das exakt dessen äußere Gestalt in Proportion und Form nachzeichnet. Um dennoch Neu von Alt zu unterscheiden, veränderten sie das Erscheinungsbild der ungleichen Zwillinge durch die Wahl ungewöhnlicher Materialien. Auf fünf Seiten ummanteln hinterlüftete, transparente

Durch die PVC-Welltafeln sind die auf dem inneren Holzkorpus befestigten haustechnischen Installationen deutlich sichtbar.

Hart-PVC-Welltafeln den kleinen, beweglichen Neubau. Das einfache, gedämmte Holzständerwerk kann bei einer Änderung der Funktion leicht wieder demontiert werden. Im Zwischenraum ist die Haustechnik (Strom, Telefon, Antenne) von außen sichtbar verlegt.
Innen ist der mobile Raum mit unbehandelten Sperrholztafeln ausgekleidet. Tageslicht erhält der neue Arbeitsplatz durch fest verglaste Fenster, verglaste Türen und eine Oberlichtkuppel. Das Tragsystem dieser Low-Budget-Konstruktion besteht aus Stahl. Die Terrasse wurde mit verzinkten Gitterrosten belegt, um auch den darunter befindlichen Gartenteil belichten zu können. Das Geländer kann mit wenigen Handgriffen demontiert werden. Der Einsatz von Industrie-Schwerlastrollen, die in U-Schienen parallel geführt werden, machte die mobile Konstruktion möglich.
Das Konzept zeigt einen unbekümmerten Umgang mit Architektur, dessen fast ironische Stilmittel in ihrer Überspitzung eine erfrischende und innovative Kraft besitzen. Daneben hat es der Entwurf aber vor allem geschafft, Wohnwünsche wahr werden zu lassen. Möglich wurde die Realisierung nicht zuletzt auch durch den Statiker Thomas Hoffmann, der zusammen mit den Architekten 1998 für dieses kleine Gebäude mit dem Balthasar-Neumann-Preis ausgezeichnet wurde, einem Preis, der alle zwei Jahre für beispielhafte Gemeinschaftswerke von Architekten und Ingenieuren vergeben wird.

Damit der Anbau auch bei starkem Wind nicht umkippt, wurde der Fußboden mit schweren Betonsteinen belegt. Diese Gehwegplatten sind sichtbar belassen. Der Raum bleibt somit bewusst bis zu einem gewissen Grad Außenraum.

Der Zugang zum Arbeitszimmer in Winterstellung.

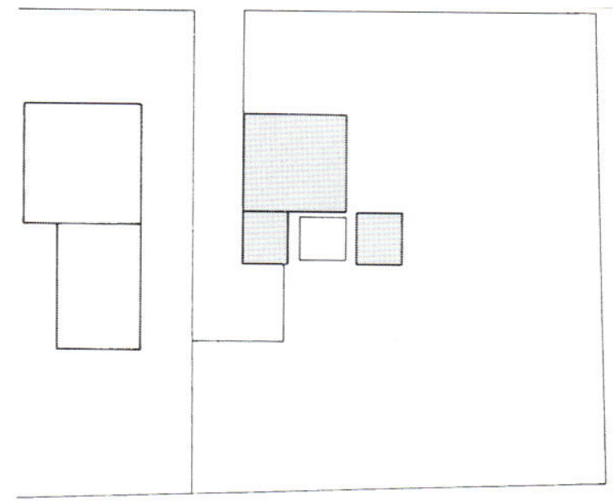

Lageplan

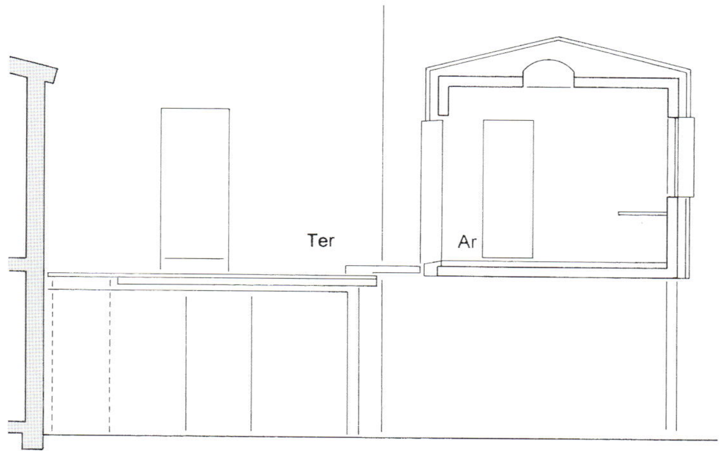

Schnitt

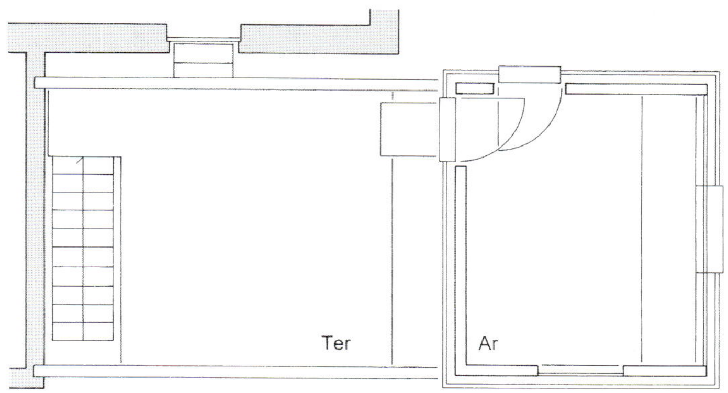

Grundriss

M 1:100

Baudaten

Aufgabe: Erweiterung eines Fachwerkhauses um ein mobiles Arbeitszimmer

Grundstücksgröße:	ca. 2.000 m²
Fläche Anbau:	12 m²
Fläche Terrasse:	12 m²
Anzahl der Bewohner:	2+1
Baukosten, gesamt:	DM 95.000,–
Umfang Eigenleistung:	DM 35.000,–
Baujahr Bestand:	1905
Baujahr Umbau/Erweiterung:	1997
Planungs- und Bauzeit:	je 5 Monate

Bauweise und Materialien

Terrasse und Schienen: Stahlkonstruktion, verzinkte Stahl-Gitterroste
Außenhaut: Hart-PVC-Welltafeln
Innenausbau: Holzständerwerk, Sperrholztafeln

Umbau eines Flachdachbungalows in Stuttgart, Baden-Württemberg
Architekt: Wolfgang Kergaßner, Stuttgart

Plastizität und Licht

Der in Stuttgarter Südhanglage liegende, mehrfach umgebaute, zweigeschossige Bungalow aus den frühen siebziger Jahren fand im Jahr 1999 einen neuen Eigentümer. Verschiedene Umbaumaßnahmen in der Vergangenheit hatten die ursprüngliche Gebäudestruktur kaum mehr erkennen lassen, sodass Teilbereiche im Innern, aber vor allem seine äußere Erscheinung restrukturiert und verjüngt werden sollten. Unter Freilegung der ursprünglichen Konstruktion erhielt das Haus durch eine ganz neue Außenhaut aus kanadischem Zedernholz eine konsequente Harmonisierung.
Die alte, überholte Fassade aus fast schwarz gebeizten Fichtenbrettern wurde entfernt, ebenso die Attika-Verblendung aus weißen Faserzementplatten. Stattdessen wurde eine Art neue Karosserie vor die jetzt freigelegte 30 cm starke Hochlochziegel-Außenwand gehängt. Diese wärmegedämmte und hinterlüftete Fassade besteht aus 8,5 cm hohen Holzleisten der kanadischen Red-Cedar, die im Abstand von 5 mm horizontal auf einer Unterkonstruktion befestigt sind. Konstruktionsbedingt tritt dadurch die Fassade etwa 50 cm gegenüber der Rohbauebene hervor. Den Effekt der so stark an Tiefe gewonnenen Fensterleibungen verstärkten die Planer noch durch eine fast skulpturale Bearbeitung, indem sie jeweils eine der seitlichen Leibungen um 30° auf- beziehungsweise wegklappten, wodurch gerichtete Ausblicke in die umliegende Landschaft entstanden.

Durch die neue »Karosserie« des Bungalows wurde die alte Kraft des ursprünglichen Entwurfs wieder herausgearbeitet. Der Eingangsbereich erinnert stark an amerikanische Villen-Vorbilder.

Die Erneuerung ist geprägt durch die Konzentration auf wenige ablesbare Elemente, die die Eindeutigkeit der ruhigen Baukörpererscheinung unterstreichen. In Verbindung mit der Zurückhaltung in der Wahl der Materialien prägen sie diesen Umbau. Stofflichkeit, Textur, die Tiefe der Konstruktion sowie unterschiedliche Reflexionsflächen fördern die Wahrnehmung von Plastizität und Licht.

Die tiefen Einschnitte in der Red Cedar-Fassade sind zu einer Seite im Winkel von 30° weggeklappt.

Die ehemals kleinteiligen Fenster wurden durch großflächige Schiebetüren aus Holz ersetzt.

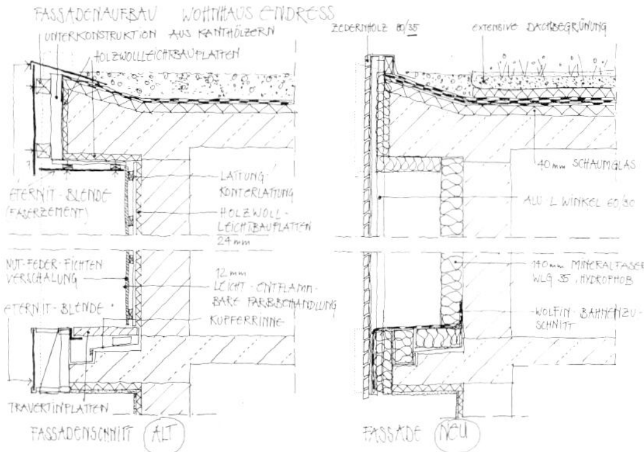

Detailzeichnung ohne Maßstab

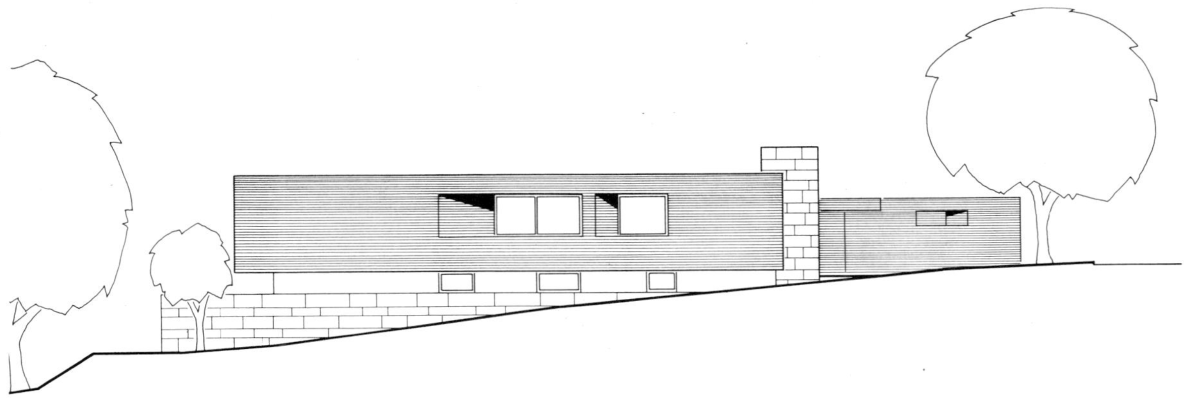

Ansicht Ost

Erdgeschoss

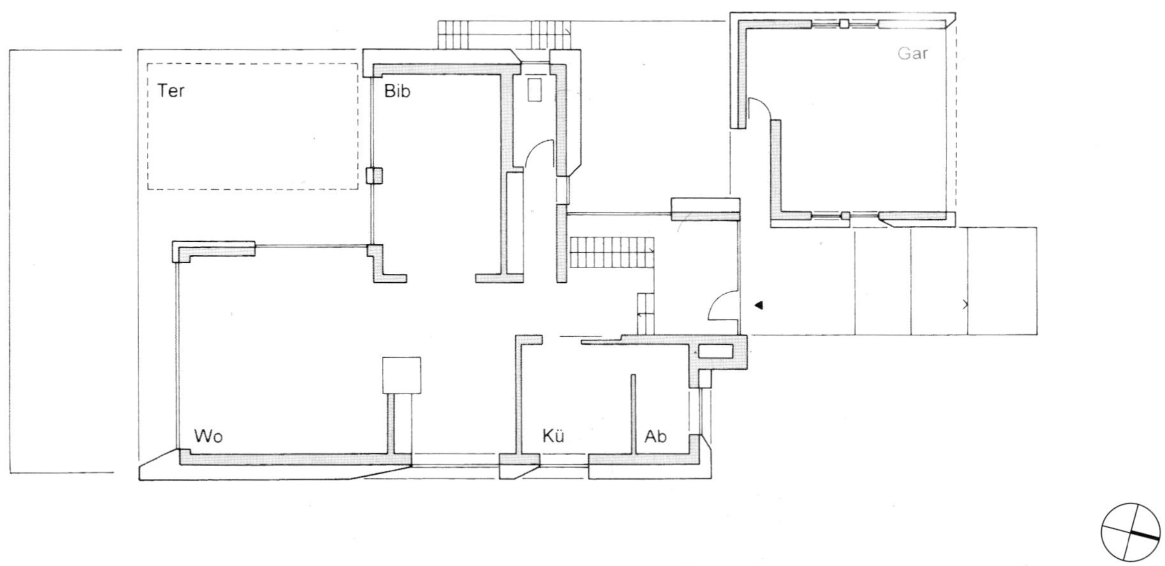

M 1:250

Baudaten

Aufgabe: Rück- und Umbau eines Bungalows aus den siebziger Jahren

Grundstücksgröße:	921 m²
Überbaute Fläche Bestand:	215 m²
Überbaute Fläche mit Erweiterung:	245 m²
Wohnfläche vor dem Ausbau:	175 m²
Wohnfläche nach dem Ausbau:	205 m²
darüber hinaus Nutzfläche:	125 m²
Anzahl der Bewohner:	2
Baukosten, gesamt:	DM 480.000,–
Baukosten je m² Wohnfläche:	DM 1.455,–
Baujahr Bestand:	1972
Baujahr Umbau/Erweiterung:	1999

Bauweise und Materialien

Außenfassade: horizontale, hinterlüftete Red-Cedar-Holzschalung, Lattung 8,5 cm hoch, Mineralwolldämmung 15 cm

Mehrfamilienhauserweiterung in Luzern, CH-Luzern
Architekt: Hanspeter Lüthi und Andi Schmid, Luzern

Ein ganzes Haus

Auf der Zugangsseite kaum größer als eine Garage, lugt das neue Haus neben dem gegendtypischen, traditionellen Holzhaus hervor.

Rechte Seite: Betonelemente ergänzen den in Douglasie-Holz verschalten Baukörper und bilden vor dem Wohnraum einen überdachten Freisitz aus.

Das Grundstück mit einem zweigeschossigen, chaletartigen Mehrfamilienhaus liegt in einer Einfamilienhauszone am Rande der Stadt Luzern. Auch die umliegenden Häuser aus den dreißiger Jahren sind sämtlich zwischen zwei und drei Geschossen hoch. Zwischen diese Einzelbauten wurde das neue Gebäude als niedriger, lang gestreckter und einfacher Kubus eingefügt, der sich in seiner modernen Schlichtheit bewusst von seiner traditionellen giebelbedachten Umgebung absetzt. Der Neubau orientiert sich wie das bestehende Haus zum gemeinsamen Garten und schließt diesen räumlich gegen die Straße nach Osten ab. Das sich heute so selbstverständlich in das Ensemble einfügende Haus täuscht über den planerischen Aufwand der Architekten hinweg, ein immerhin komplettes Wohnhaus bei doch relativ beengten Grundstücksverhältnissen zu konzipieren.
Den Hauptaufenthaltsraum im Hochparterre unterteilt ein in rohem Beton belassener Sanitärkern in Musik-/Arbeitsbereich und eine Wohnzone mit offener Küche. Die vorhandenen Blickbeziehungen erlauben es, das gesamte Geschoss in seinen verschiedenen räumlichen Dimensionen wahrzunehmen. Die verschiedenen Niveaus des Raumgefüges schaffen trotz der an sich kleinen Grundrissabmessungen die gewünschte Großzügigkeit. Die verschattenden Holzlamellen der Fassade aus Douglasie-Holz, die das einfallende Sonnenlicht immer wieder stimmungsvoll brechen, lassen im Innern eine ganz besondere, wohnliche Raumatmosphäre entstehen.

Durch die zusätzlich gezielt eingeschnittenen, lamellenlosen Fenster öffnet sich der an sich introvertierte Körper immer wieder überraschend nach außen, der je nach Beleuchtungssituation in den Wohnräumen wirkungsvoll seine Physiognomie verändert. Das geschlossener gehaltene Tiefparterre beherbergt die Schlafzimmer, die unmittelbar auf den kleinen, abgesenkten Hof ausgerichtet sind. Die Hofmauer aus Beton verläuft direkt auf der Grundstücksgrenze. Den verschiedenen Bereichen des Neubaus sind nach den Tageszeiten differenzierte Außenräume zugeordnet: der erhöhte Vorplatz nach Westen am Eingang, der überdachte Gartensitzplatz im Süden und der introvertierte Hof vor den Schlafzimmern im Tiefparterre.

Erst in der abendlichen Beleuchtung zeigt das Haus seine eigentliche Offenheit. Am Tag gibt es sich eher verschlossen.

Seite 59 und oben: Der dunkel gedämpfte Eichenholzboden und das helle Ahornholz der Ausbauten prägen die feine Innenraumgestaltung.

Sichtbeton tritt wie hier im Bad und in der Küche auch im Innern wieder auf.

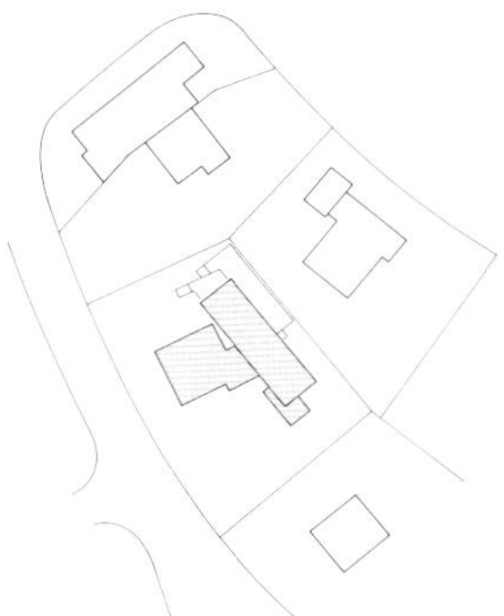

Lageplan

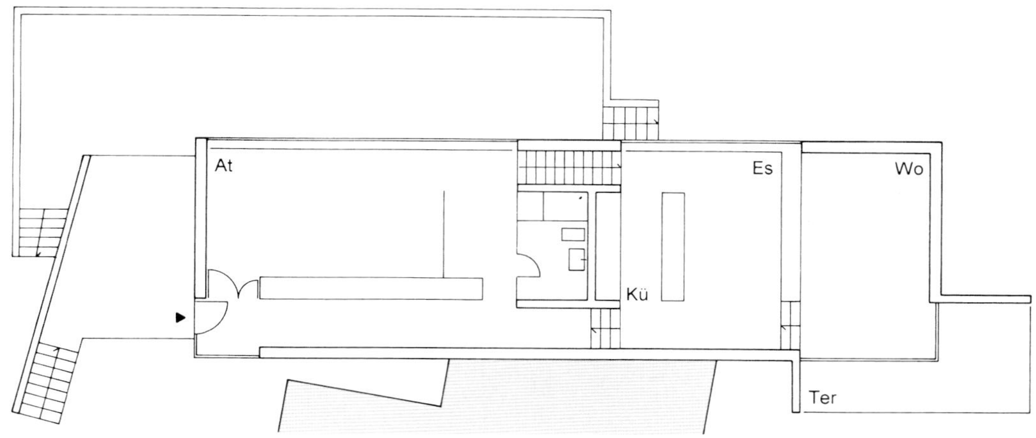

Erdgeschoss

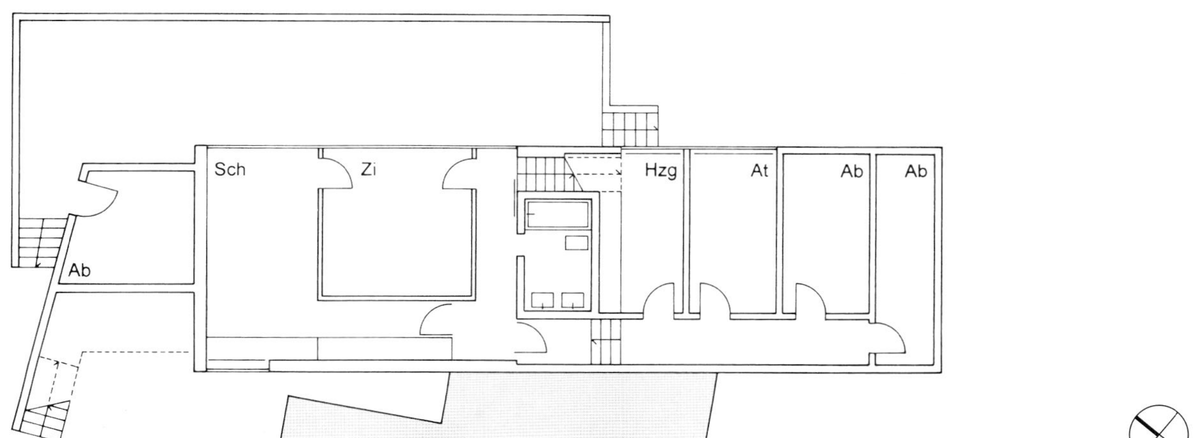

Untergeschoss

M 1:200

Baudaten

Aufgabe: Anbau an ein Zweifamilienhaus aus den dreißiger Jahren

Grundstücksgröße:	970 m²
Überbaute Fläche Bestand:	100 m²
Überbaute Fläche mit Erweiterung:	200 m²
Wohnfläche vor dem Ausbau:	225 m²
Wohnfläche nach dem Ausbau:	370 m²
darüber hinaus Nutzfläche:	510 m²
Anzahl der Bewohner:	7
Baukosten, gesamt:	DM 670.000,–
Baukosten je m² Wohnfläche / Nutzfläche	DM 3.300,–
Umfang Eigenleistung:	DM 93.500,–
Baujahr Bestand:	1933
Baujahr Umbau / Erweiterung:	1998

Bauweise und Material

Konstruktion: Massiver Holzbau aus Brettstapelelementen auf einem Untergeschoss aus Beton

Außenfassade: dampfdurchlässige Weichfaserplatte hinter horizontaler Schalung aus sägerauer Douglasie-Lattung

Innenausbau: dunkel gedämpfter Eichendielenboden mit maßgefertigten Ahorn-Einbaumöbeln und roh belassenem Betonkern

Erweiterung eines historischen Kelterhauses am Bodensee, Baden-Württemberg
Architekt: Christoph Mäckler, Frankfurt/Main

Eigenständig

Einzigartig ist die Lage des Hauses in der ersten Reihe zum Bodensee.

Ein denkmalgeschütztes Keltergebäude aus dem 16. Jahrhundert in formidabler Bodenseelage war der dort im Obergeschoss wohnenden siebenköpfigen Familie schlicht zu eng geworden. Das Erdgeschoss ist leider wegen der Feuchte als Tribut für die Seenähe nicht bewohnbar. Der Raumnot sollte der Frankfurter Architekt Christoph Mäckler durch einen auf die Bedürfnisse der Bewohner zugeschnittenen Anbau Herr werden. Er entschied sich dabei für einen nahezu autarken, klassisch modern anmutenden Schmalkörper, der sich dem historischen Gebäude in eigenständiger Formensprache zugesellt und dieses trotzdem weiter die seeseitige Ansicht dominieren lässt.
Was ist entstanden? Verbunden mit dem Altbau über einen minimalistischen Steg aus Stahl und Glas, erhebt sich der lang gestreckte, polygone, zweigeschossige Baukörper scheinbar schwebend über einen halb im Erdgeschoss, halb im Souterrain versteckten massiven, kellerähnlichen Raum. Der schwebende Eindruck des Anbaus wird vor allem durch die sich über 21 Meter erstreckende, den Unterbau überkreuzende Gestalt erzeugt. Die weiße Putzoberfläche und die verglasten Ecken verstärken diesen Effekt. Das neben vier kleineren Zimmern entstandene Bad befindet sich auch nach außen markant in einem Betonkubus im oberen Geschoss, der sich fast aus dem Gebäude zu lösen scheint. Die großzügige Verglasung an der Schmalseite auf beiden Ebenen, im Sommer mit Sonnensegeln verschattbar, gibt die

Auf Rollenlagern aus dem Brückenbau schwebt der lange Riegel auf dem betonenen, annähernd quadratischen Sockelgeschoss.

Der filigrane Stahl-Glassteg verbindet das denkmalgeschützte Kelterhaus mit seiner Erweiterung.

Das Bad ist ein eigener Baukörper, der als solcher von außen wie von innen erkennbar bleibt.

fantastische Perspektive auf den Bodensee frei.
Eine ingenieurmäßige Herangehensweise zeigt sich im ausgeklügelten Tragwerk des Wohnriegels, der losgelöst vom Sockelgeschoss lediglich auf einer biegesteif verbundenen Betonstütze vorne und vier üblicherweise im Brückenbau verwendeten Rollenlagern hinten aufliegt. Das flache Dach aus Stahlbeton lagert gleitend mit innen liegender Fuge auf umlaufenden Ringbalken. Wegen der Hochwassergefahr wurde der Sockel als so genannte weiße Wanne ausgebildet.
Das Erscheinungsbild des neuen Nachbarn springt ohne Frage ins Auge, aber durchaus nicht auf effektheischende Weise. Die Elemente der besonderen Tragkonstruktion integrieren sich ganz natürlich in die Gesamtkonzeption. Der beim Bau verwendete, raffiniert unbefangene Materialmix aus Beton, Putz, Glas und Stahl – geplant und ausgeführt in fast altmodischer handwerklicher Detailliebe – führt zu einem organisch stimmigen, für den Architekten typischen »ungeschMäcklerischen« Gesamteindruck.

Die Genialität der Winzigkeit. Die Küche im Sockelgeschoss.

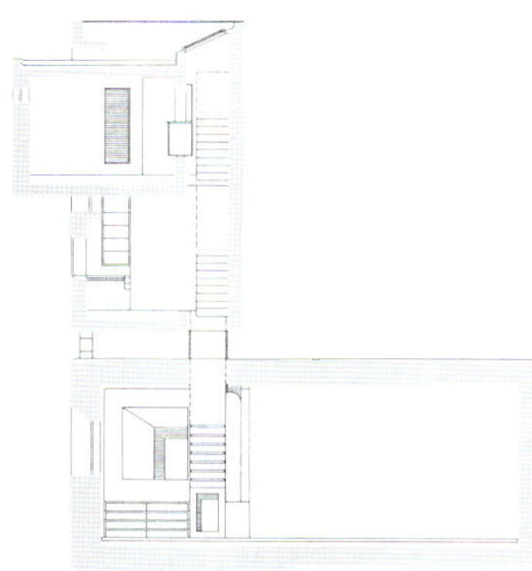

Querschnitt

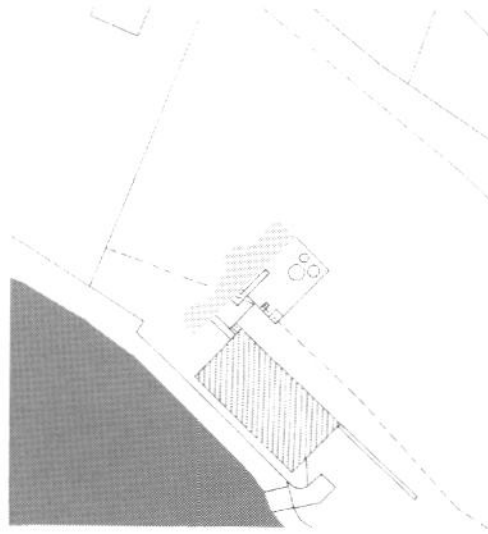

Lageplan

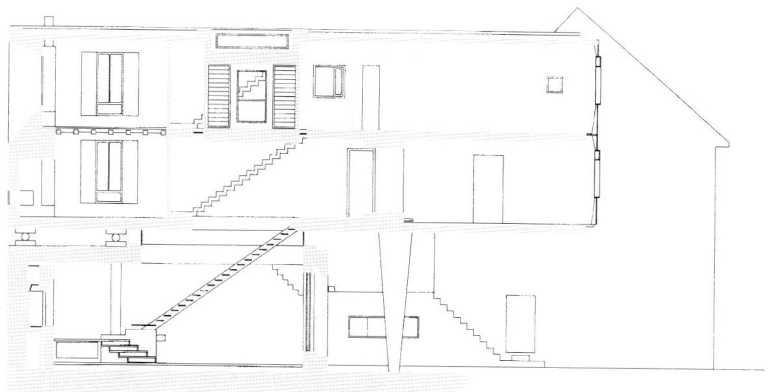

Längsschnitt

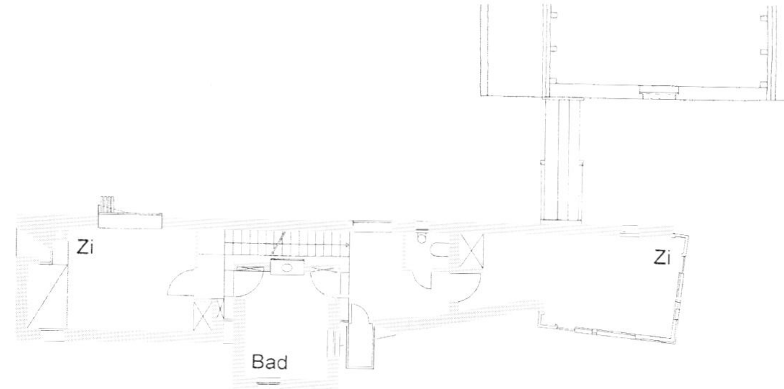

2. Obergeschoss

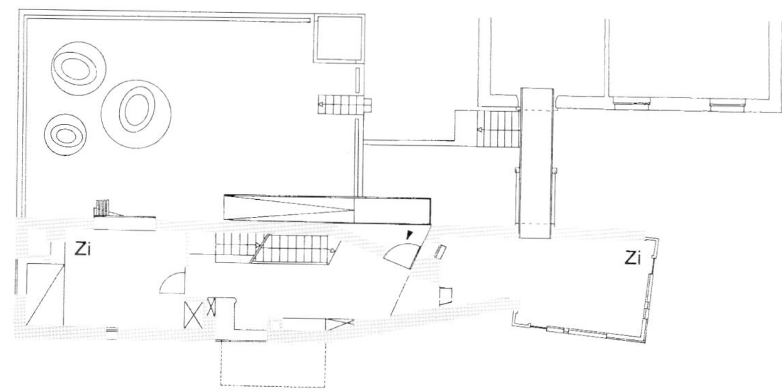

1. Obergeschoss

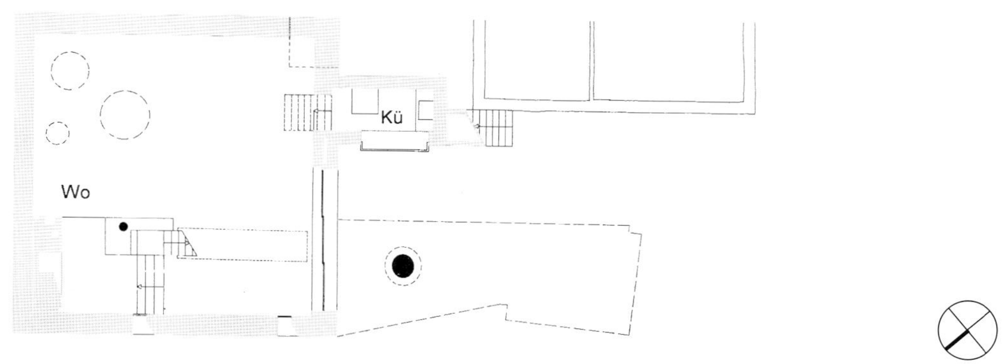

Untergeschoss

M 1:250

Baudaten

Aufgabe: Erweiterung eines historischen Kelterhauses

Grundstücksgröße:	keine Angabe
Überbaute Fläche mit Erweiterung:	163 m²
Wohnfläche mit Erweiterung:	182 m²
darüber hinaus Nutzfläche:	60 m²
Anzahl der Bewohner:	7
Baukosten, gesamt:	keine Angabe
Baujahr Bestand:	1600
Baujahr Umbau/Erweiterung:	1995
Planungs- und Bauzeit:	18 Monate

Bauweise und Materialien

Massiver Putzbau auf Sockelgeschoss aus Beton

Baukörper auf Rollenlagern aus dem Ingenieur-Brückenbau

Wohnhauserweiterung in Biberach, Baden-Württemberg
Architekten: Neugebauer + Rösch, Stuttgart

Neue Aussichten

Das Gebäude auf einem Grundstück in Südhanglage mit Blick über die Stadt Biberach war Ende der zwanziger Jahren errichtet worden und hatte seit der Zeit mehrfach den Eigentümer gewechselt. Im Jahr 1996 erwarb eine Familie das mittlerweile in bautechnisch schlechtem Zustand befindliche Haus, um es auf ihre Bedürfnisse hin modernisieren und erweitern zu lassen.
Die Grundstruktur und Proportion dieses wegen seiner äußeren Form als Kaffeemühle bezeichneten Baukörpers gefiel den neuen Eigentümern ausnehmend gut. Allerdings war der ursprüngliche Charakter erst einmal wieder herzustellen, indem der später an der Ostseite des Gebäudes angefügte, eingeschossige Anbau abgerissen wurde. Anstelle dieser Altlast planten die Architekten Sonja Neugebauer und Robert Rösch eine dreigeschossige Erweiterung, die in Bezug auf Material, Farbe und Struktur einen deutlichen Kontrapunkt zum Bestand setzt.
Im Zuge der Erweiterung wurde auch der Altbau umstrukturiert und sein Grundriss in Teilen neu geordnet. So erfuhr das Erdgeschoss zugunsten einer ineinander übergehenden Raumfolge eine Entrümpelung und wurde durch den jetzt im Anbau untergebrachten Küchen- und Essbereich funktionell ergänzt. Das Obergeschoss verfügt nun über einen separaten Kinder- und Elternbereich, der jeweils mit eigenem Bad ausgestattet ist. Wohn-, Aufenthalts- sowie Schlafräume orientieren sich konsequent nach Süden, die dienenden Räume nach Norden.

Aufgrund der durch das Dach des Altbaus vorgegebenen Traufhöhe erhielt der Anbau hinter seiner Attika ein asymmetrisch geformtes Tonnendach, das im Obergeschoss eine ansteigende Raumhöhe von 2,10 auf 2,70 Meter zuließ.

Der Vorher-Nachher-Vergleich kann kaum deutlicher ausfallen.

Die Edelstahl-Kaminrohre werden durch das Treppenauge nach oben geführt.

Das sanierte Bad im Altbau.

Neben den funktionalen Überlegungen bei der Umstrukturierung und Ergänzung des Einfamilienhauses folgte das Konzept auch energetischen Gesichtspunkten. Dementsprechend wurden die nach Westen und Süden orientierten, ehemals kleinen Fenster des Altbaus durch große Fenstertüren ersetzt. Die Erweiterung wurde mit nach Süden raumhohen und -breiten Fensterelementen ausgestattet. Die Nordseite des Anbaus gibt sich dagegen eher geschlossen. Ein leistungsfähiger Kachelofen im Wohnzimmer, von dem aus zwei Edelstahlkamine durch das Treppenhaus nach oben führen und deren Abwärme auch von diesen Geschossen genutzt wird, versorgt das gesamte Haus. Die Zentralheizung dient somit hauptsächlich der Brauchwassererwärmung. In Verbindung mit weiteren Maßnahmen wie zum Beispiel einer optimierten Dämmung der Außenfassaden führt dies zu einer insgesamt ressourcenschonenden Energiebilanz.
Der besondere Reiz des Hauses liegt in der detailliert gestalteten äußeren Hülle. Die Nordansicht fällt mit ihren in die Fassade gestanzten Öffnungen, die wie kleine Piktogramme wirken, deutlich aus dem üblichen Straßenbild heraus. Die selbstbewusste Materialität des Anbaus mit seiner Holzverkleidung und der scheibenartigen Westfassade aus Zementfaserplatten zeugt von einer klaren Architektursprache.

Der ausgewogene Materialkanon der Außenhülle mit den grauen Faserzementplatten und der naturbelassenen Holzverschalung.

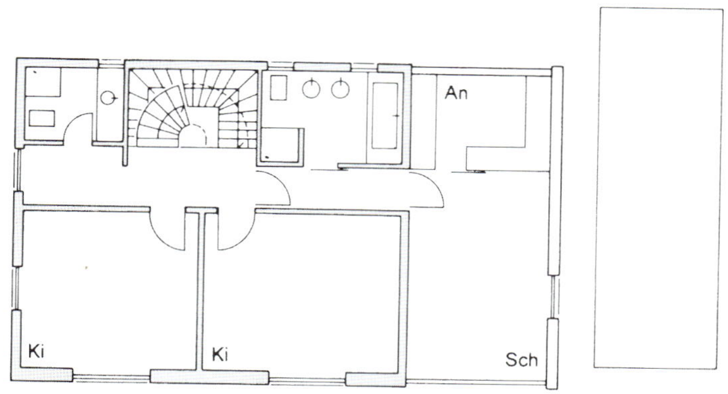

Obergeschoss

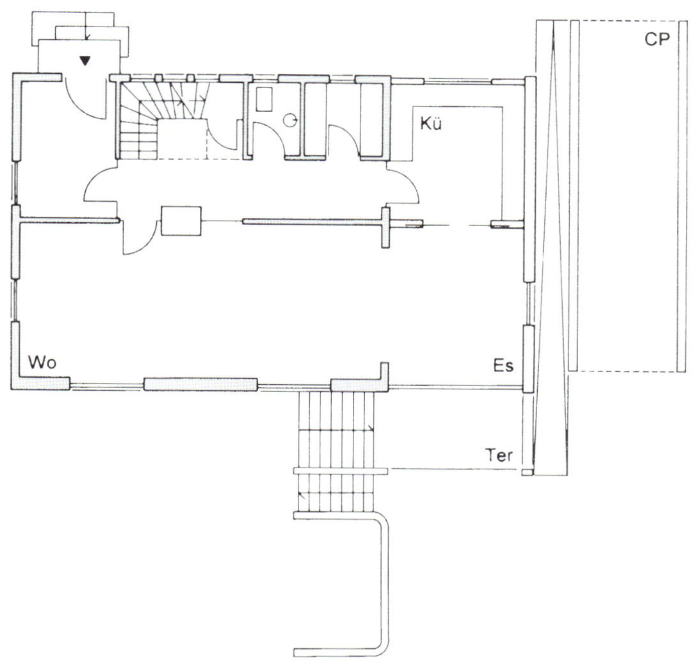

Erdgeschoss

M 1:200

Baudaten

Aufgabe: Umbau und Erweiterung eines Wohnhauses aus den zwanziger Jahren

Grundstücksgröße:	750 m²
Überbaute Fläche Bestand:	85 m²
Überbaute Fläche mit Erweiterung:	115 m²
WF vor dem Ausbau:	150 m²
WF nach dem Ausbau:	270 m²
darüber hinaus Nutzfläche:	60 m²
Anzahl der Bewohner:	4
Baukosten, gesamt:	keine Angaben
Baujahr Bestand:	ca.1928
Baujahr Umbau/Erweiterung:	1997
Planungs- und Bauzeit:	1995–97

Bauweise und Materialien

Holzständerkonstruktion, Außenfassade: Schalung aus Lärchenholzleisten und Zement-Hartfaserplatten

Fachwerkhauserweiterung in Riedenberg, Baden-Württemberg
Architekten: Studio Paretaia, Susanne und Axel Müller-Schöll, Stuttgart

Auf familiären Spuren

Der Anbau entspricht ganz der gewünschten modernen Ästhetik und ist dem Fachwerkhaus behutsam an die Seite gestellt.

Der ehemals als Missionar in Kamerun tätig gewesene Großvater des Architekten Axel Müller-Schöll hatte dieses Haus in Stuttgart im Jahr 1935 nach seiner Pensionierung als Pfarrer für seine achtköpfige Familie bauen lassen. Mit dem Entwurf dieses schlichten Fachwerkhauses hatte er seinerzeit seinen Neffen beauftragt, für den sich als jungen Architekten die erste Realisierung einer Bauaufgabe bot.

Das heute von der Familie seines Enkels bewohnte Haus überstand nicht nur den Krieg ohne nennenswerte Beschädigungen, sondern war auch dank gütiger Fügung niemals von einer Totalüberholung heimgesucht worden. Wichtige Details und die Wesensmerkmale von den Türklinken bis zu den Bodenbelägen und Fenstern waren weitgehend im Originalzustand erhalten geblieben.

Das Architektenpaar setzte sich beim Umbau des Gebäudes das Ziel, die Identität des Hauses mit seiner durchdachten, harmonischen Raumkomposition innen wie außen zu bewahren. Bei der notwendigerweise durchzuführenden Modernisierung der sanitären Anlagen und des Küchenbereichs wurde gleichfalls in Anknüpfung an die baulichen Traditionen versucht, handwerklich präzise zu detaillieren, einfache Materialien zu verwenden und gleichwohl den veränderten Raumansprüchen gerecht zu werden.

Im Jahr 1998 entschloss sich die Familie, das Gebäude um einen Seitenflügel für eine Bibliothek zu erweitern. Als verbindendes Element zum Bestand wurden die Konstruk-

Der Blick in die neu entstandene Bibliothek. Die Bücherregale laufen teilweise zweigleisig hintereinander, um die neuen Titel den Beständen sinnvoll zuordnen zu können. Hierfür entwarfen die Architekten eigens passende Beschläge.

tion des Fachwerks, die Traufhöhe und die Ursprünglichkeit der Materialien übernommen. Die Gestaltung des Anbaus sollte jedoch einer modernen Ästhetik entsprechen, ohne dem alten Wohnhaus etwas von seiner »bescheidenen Souveränität« zu nehmen. Entstanden ist ein introvertierter Kubus mit Sheds, die nach Norden ausgerichtet für die Nachrüstung von Solarpaneelen verlegt sind. An der Längsseite ist der Kubus großflächig zu öffnen (wobei das Fenster in der Wand verschwindet), sodass der Atelierbereich mit der Terrasse verbunden werden kann.
Das Gebäude ist dem leicht abschüssigen Gelände entsprechend modelliert. Bei der Gartengestaltung setzten die Planer auf einen behutsamen Rückbau, indem sie die in den sechziger Jahren gebaute Garage abrissen und auf der anderen Seite in der Flucht des Anbaus durch einen vielfältig nutzbaren geschützten Außenraum ersetzten. Dessen Seitenwände lassen sich zum Garten hin wegschieben. Die Einfahrt zur Straße wird mit einem transluzenten Sektionaltor aus Doppelstegplatten verschlossen. Schwäbischer Sparsamkeit war es zu verdanken, dass die Steine einer in den siebziger Jahren abgetragenen Trockenmauer noch vorhanden waren, die sich somit wieder aufschichten ließ.

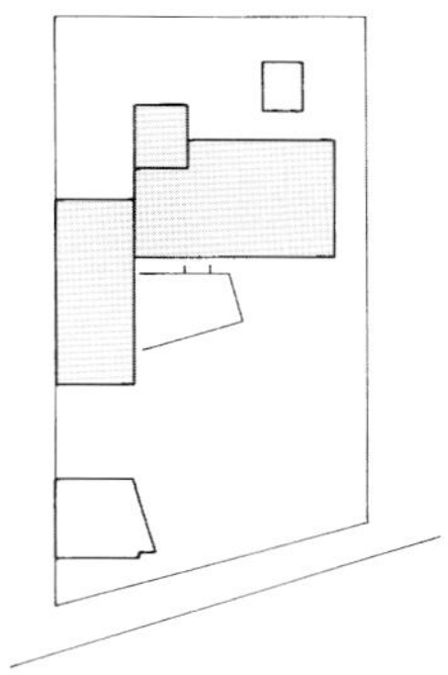

Lageplan

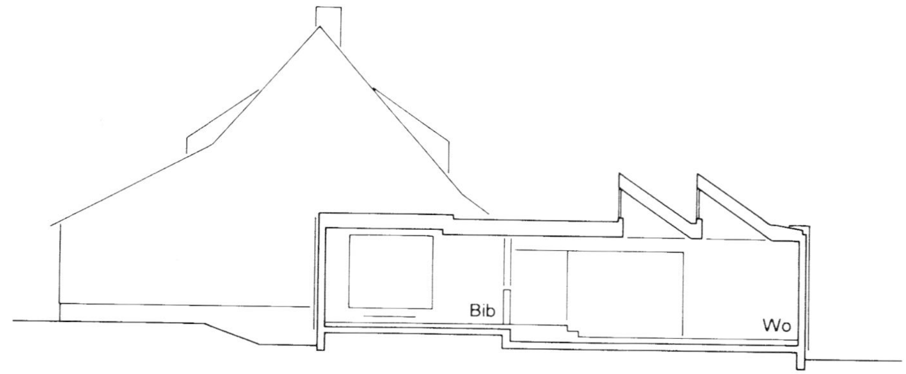

Schnitt

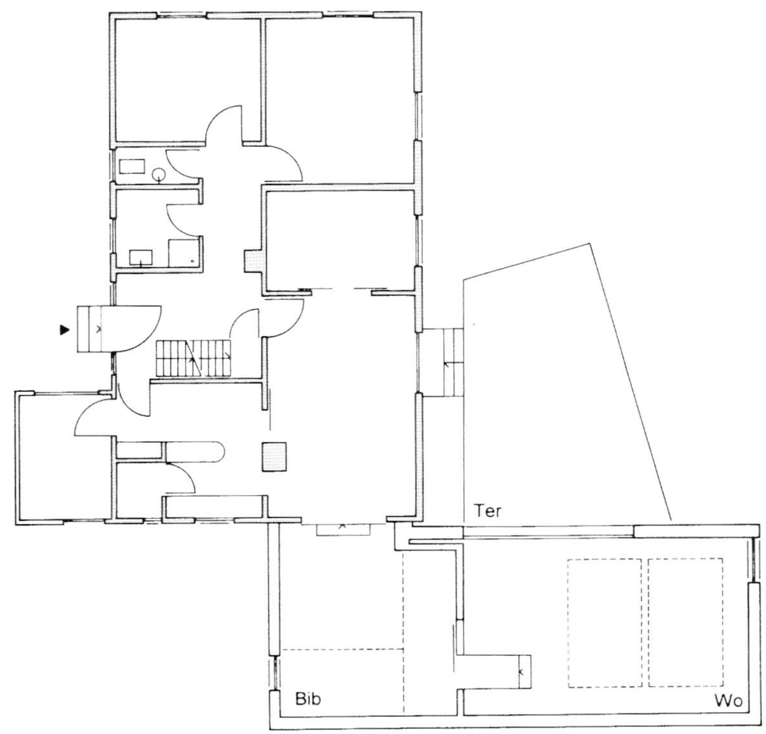

Erdgeschoss

M 1:200

Baudaten

Aufgabe: Erweiterung eines Fachwerkhauses

Grundstücksgröße:	848 m²
Überbaute Fläche Bestand:	132 m²
Überbaute Fläche mit Erweiterung:	203 m²
WF vor dem Ausbau:	154 m²
WF nach dem Ausbau:	225 m²
darüber hinaus Nutzfläche:	35 m²
Anzahl der Bewohner:	4
Baukosten, gesamt:	keine Angaben
Baujahr Bestand:	1935
Baujahr Umbau/Erweiterung:	1999

Bauweise und Material

Holzskelettkonstruktion mit Lärchenholzschalung und Sheddächern in Zinkverkleidung

Erweiterung in Darmstadt-Eberstadt, Hessen
Architekten: Planinghaus Architekten, Darmstadt

Auf gute Nachbarschaft

Ein weiteres Projekt der Architekten Jens Daube, Georg Seegräber und Dirk Siebel befindet sich in unmittelbarer Nähe zu dem Haus auf Seite 78. Auch hier handelt es sich um einen Umbau und die Erweiterung eines frei stehenden Einfamilienhauses. Dieses Haus ist allerdings größer und fast 20 Jahre früher entstanden. Ähnlich wie bei dem zweiten Haus reagierten die Architekten auf die gestellte Aufgabe mit einem gartenseitig platzierten, eigenständigen Würfel, der nicht als angepasster Wurmfortsatz das bestehende Haus in Form und Material lediglich zitiert, sondern sich gestalterisch bewusst von ihm abgrenzt.

Der Altbau beherbergt außer dem Wohnbereich alle notwendigen Gebäudefunktionen. Hier wurden, abgesehen von der Sanierung der gesamten Gebäudehülle, insbesondere das Dach- und das Erdgeschoss den Vorstellungen der neuen Eigentümer angepasst. Das Dachgeschoss wurde von allen Zwischenwänden und der Kehlbalkenlage befreit, durch zwei Gauben belichtet und ist jetzt mit neuem Bad versehen das elterliche Refugium. Im Erdgeschoss wurden ebenfalls Trennwände sowie Teile der Außenwand entfernt, um den kleinteiligen Bestand im Zusammenspiel mit dem Anbau zu einem durchgehenden Wohn-, Ess- und Küchenbereich zu vergrößern. In dem für die Kinder reservierten ersten Obergeschoss entsprach die kleinteilige Struktur der gewünschten Nutzung und wurde daher nur geringfügig verändert.

Das detaillierte Modell nimmt das Ergebnis voraus, bleibt aber dennoch abstrakt.

Der über eine deutliche Glasfuge an den Bestand angebundene Erweiterungsbau entspricht in Duktus und Schwere dem bestehenden Haus.

Der zweigeschossige Wohnraum mit der eingehängten Galerie. Die hohen Fenster sind Konstruktionen aus Multiplex-Profilen.

Die Erweiterung nimmt mit einer lichten Höhe von fast fünf Metern den Wohnbereich auf, der über eine lichte Glasfuge als Schnittstelle mit dem Altbau verbunden ist. Der Niveausprung zwischen Ess- und Wohnraum schafft die unmittelbare Verbindung zum Gartenniveau. Eine Treppe mit Galerie erlaubt den schnellen Zugang zu den Kinderzimmern und wird als Spielgalerie mit Blick ins Wohnzimmer intensiv genutzt.
Der Anbau ist als zweischaliger, hinterlüfteter Mauerwerksbau auf massiver Kellerdecke konzipiert. Dabei legten die Architekten besonderen Wert auf die detaillierte Durcharbeitung der Vorsatzschale aus Torfbrandklinkern und ihrer Anschlüsse. Die Decke des Wohnraums wurde als Brettstapelkonstruktion ausgeführt, die sich akustisch für den hohen Raum positiv auswirkte. Die mattgrauen Holz-Fensterelemente der raumhohen Verglasung sind so entwickelt, dass die Glashalteleisten der feststehenden Elemente gleichzeitig windaussteifende Funktionen übernehmen.
Der licht- und lufterfüllte Raum erscheint wie ein neuer Nachbar in vertrauter Umgebung, der als Mittler zwischen dem Altbau und dem schönen, baumbestandenen Garten wirkt.

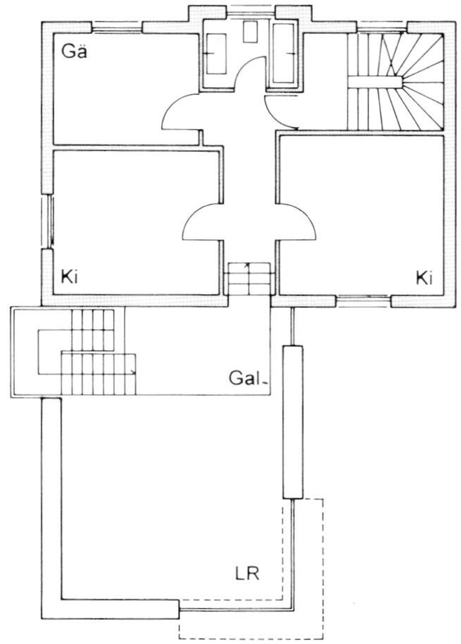

Obergeschoss

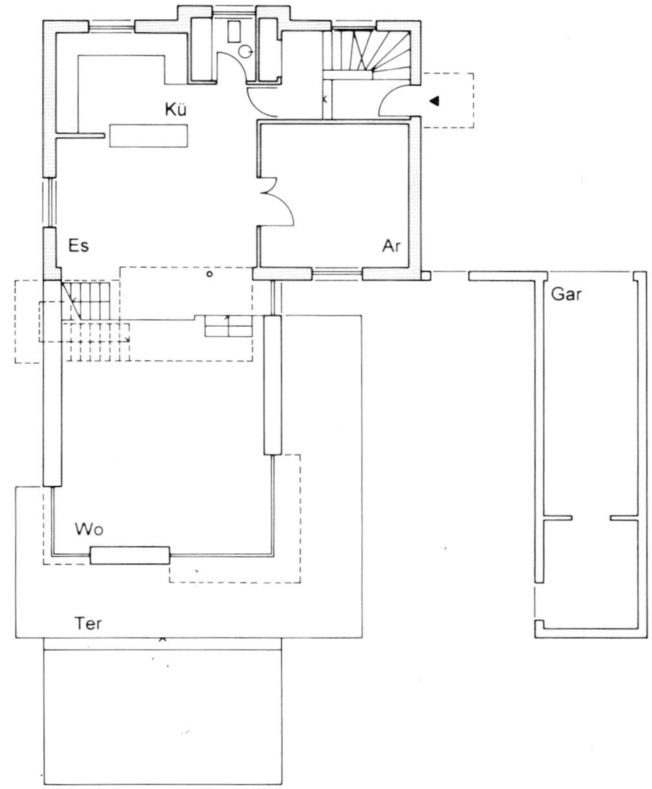

Erdgeschoss

Baudaten

Aufgabe: Umbau und Erweiterung eines frei stehenden Einfamilienhauses aus den dreißiger Jahren

Grundstücksgröße:	915 m²
Überbaute Fläche Bestand:	91 m²
Überbaute Fläche mit Erweiterung:	143 m²
Wohnfläche vor dem Ausbau:	168 m²
Wohnfläche nach dem Ausbau:	222 m²
Anzahl der Bewohner:	4
Baukosten, Altbau:	DM 370.000,–
Baukosten, Erweiterung:	DM 370.000,–
Baukosten/m² Alt:	DM 1.659,–
Baukosten/m² Erweiterung:	DM 2.842,–
Baujahr Bestand:	1930
Baujahr Umbau/Erweiterung:	1999
Planungs- und Bauzeit:	19 Monate

Bauweise und Materialien

Massivbauweise, zweischaliges Mauerwerk, Sichtmauerwerk Torfbrandklinker, Flachdecke in Brett-Stapelbauweise, Multiplex-Holzfenster

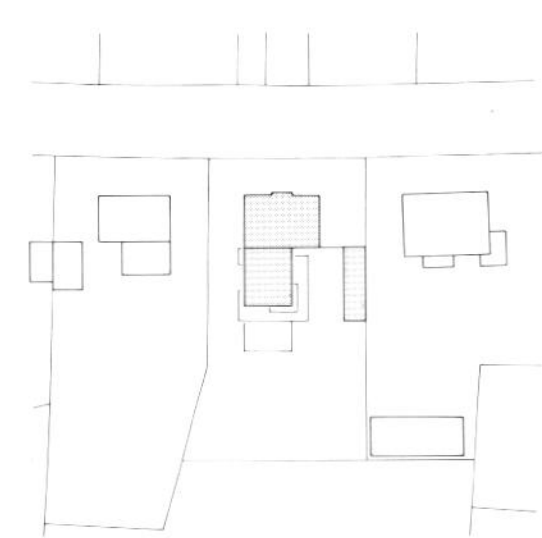

Lageplan

M 1:200

Einfamilienhauserweiterung in Darmstadt, Hessen
Architekten: Planinghaus Architekten, Darmstadt

Der Würfel ist gefallen

Die nach dem 2. Weltkrieg in der so genannten »Villenkolonie« Darmstadt-Eberstadt entstandene Siedlung ist geprägt durch eine Bebauung mit kleinen und einfachen Einfamilienhäusern. Der Wunsch der Siedlungsbewohner nach mehr Platz und einer nachträglichen Verbesserung des Wohnstandards führte in den vergangenen Jahren zu einer regen Umbau-, Ausbau- und Erweiterungstätigkeit auf den einzelnen, mittlerweile sehr wertvollen Grundstücken. Diese Nachverdichtung veränderte sukzessive das Gesamterscheinungsbild dieses ehemals locker bebauten Quartiers.
Im Jahr 1998 erwarb eine Familie mit zwei Kindern ein in dieser Siedlung gelegenes Grundstück, das mit einem typischen Satteldachhaus aus den späten vierziger Jahren bebaut war. Neben dem schlechten baulichen Zustand entsprach das beengte Gebäude auch nicht den räumlichen Nutzungsvorstellungen der neuen Eigentümer, sodass sie zunächst den Abriss und einen anschließenden Neubau auf dem Grundstück in Erwägung zogen. Aus Kostengründen wurde diese Idee jedoch verworfen und die Darmstädter Architektengruppe Planinghaus mit der Aufgabe betraut, eine Planung für die Sanierung und Modernisierung des Altbaus mit ergänzendem Anbau zu erstellen.
Auf dem schmalen lang gestreckten Grundstück bot sich lediglich eine Erweiterung als Verlängerung des Hauses in den Garten an. Als eigenständige Ergänzung entwickelten die Architekten einen zweigeschossigen, nicht

Zur Straße hin hat sich das Bild mit Ausnahme der Sanierung des Altbaus nicht verändert.

Zur deutlichen Unterscheidung des neuen kubischen Baukörpers von dem vorhandenen sattelbedachten Gebäude wurde entgegen den Bestimmungen des Bebauungsplanes ein flaches Dach durchgesetzt.

In der gläsernen Schnittstelle zwischen Alt und Neu ist der neue Eingang des Hauses entstanden.

unterkellerten Würfel mit Flachdach, der im Erdgeschoss einen Wohnraum und im Obergeschoss zwei Kinderzimmer aufnimmt. Der Altbau enthält heute überwiegend dienende Funktionen und wurde nur mit geringfügigem Aufwand den geänderten Nutzungen angepasst.

Bestand und Anbau sind mit einer 90 cm breiten Glasfuge deutlich voneinander abgesetzt. An dieser großzügig belichteten Schnittstelle zwischen Alt und Neu befindet sich neben dem Gebäudeeingang die als Harfentreppe gestaltete Verbindung zum oberen Geschoss.

Während das Erdgeschoss inklusive der über dem Eingang auskragenden Decke als Massivbau konstruiert wurde, besteht der Aufbau des Obergeschosses aus vorgefertigten Elementen in Holz-Rahmenbauweise. Diese Mischkonstruktion ergab sich aus dem Kompromiss zwischen der angestrebten kurzen Bauzeit und den gewünschten Anforderungen an das Raumklima und die Speichermasse des Baukörpers. Nach außen deutlich sichtbar werden die konstruktiven Unterschiede durch den farbigen Rauputz im Erdgeschoss und die horizontale Lärchenholzschalung im Obergeschoss. Großzügige Öffnungen in der Fassade durch regelmäßige, raumhohe Fensterflächen stellen erlebbare Bezüge zwischen den Innenräumen und dem umgebenden Grün her.

Modell

Lageplan

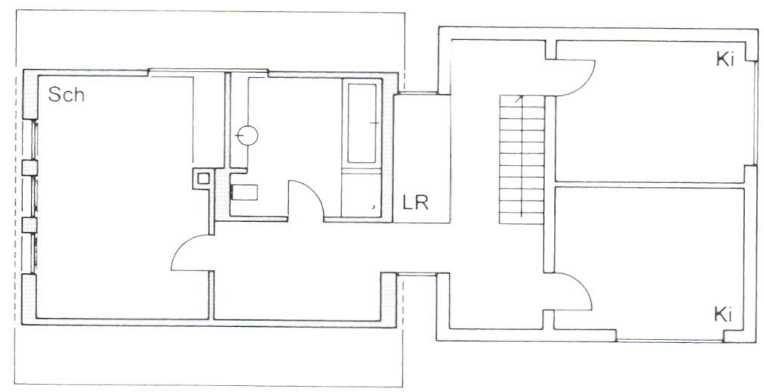

Obergeschoss

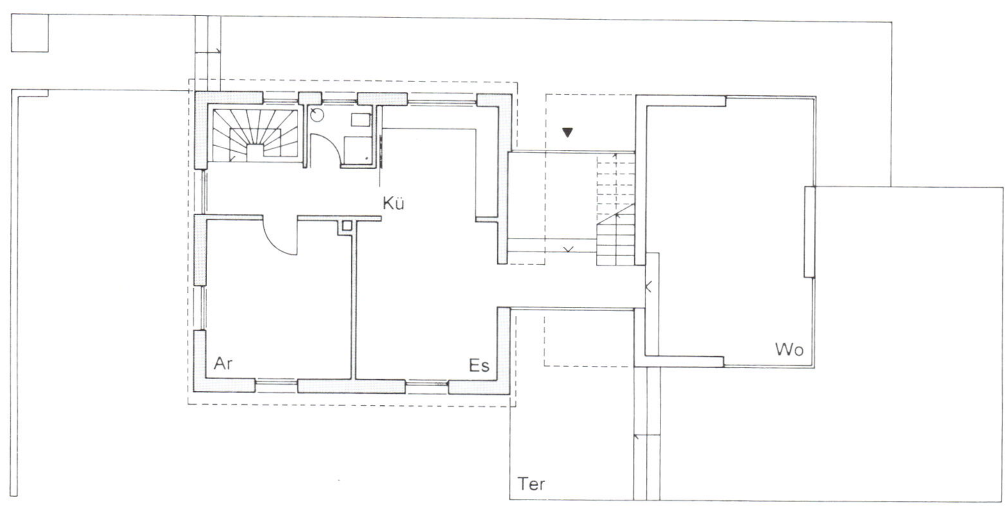

Erdgeschoss

M 1:200

Baudaten

Aufgabe: Erweiterung eines Einfamilienhauses

Grundstücksgröße:	547 m²
Überbaute Fläche Bestand:	64 m²
Überbaute Fläche mit Erweiterung:	120 m²
Wohn-/Nutzfläche Altbau:	147 m²
Wohn-/Nutzfläche Erweiterung:	82 m²
Anzahl der Bewohner:	4
Baukosten Altbausanierung:	DM 190.000,–
Baukosten Erweiterung:	DM 230.000,–
Umfang Eigenleistung:	DM 60.000.–
Baujahr Bestand:	1948
Baujahr Umbau/Erweiterung:	1998
Bauzeit:	5 Monate

Bauweise und Material

Konstruktion: Holz-Tafelbauweise

Außenfassade: Lärchenholz-Schalung, Putzflächen

Einfamilienhausumbau in Berlin, Berlin
Architektin: Ursula Reich, Berlin
mit Tanja Riccius und Guido Scharnhorst

Sonnenanbeterin

Das Modell des Dachstuhls zeigt die bisher noch nicht ausgeführten Verschattungsflügel.

Rechte Seite: Die neue große Gaube dominiert die Rückansicht des zweigeschossigen Hauses.

Die Bauherrenfamilie bewohnte das nur wenige Autominuten vom Zentrum der Metropole gelegene, zweigeschossige Einfamilienhaus bereits seit langem zur Miete, als sich für sie die Möglichkeit eröffnete, das Haus zu erwerben. Die profunden Kenntnisse des Anfang der dreißiger Jahre auf der Basis eines quadratischen Grundrisses errichteten Gebäudes einschließlich der guten und schlechten Erfahrungen beim Bewohnen sollten in die Planungsüberlegungen des umfangreichen Um- und Ausbaus münden. Besonderes Augenmerk lag dabei auf der zukünftigen Nutzung des nicht ausgebauten, markanten Pyramidendachs als Schlafbereich für die Eltern.
Die bestehende Pfettendachkonstruktion mit vier Stützen und Zangenverbindungen erlaubte keine freie Raumdisposition. Auch waren die Balkenquerschnitte für die Einbringung der Wärmedämmung nicht ausreichend dimensioniert, sodass der alte Dachstuhl zugunsten eines Neuabbunds mit den gleichen Außenmaßen, jedoch einer vereinfachten Konstruktion aus tragenden Gratsparren in Kombination mit einer Stahlseilauskreuzung im Bereich des Fußbodenaufbaus aufgesetzt wurde. Dies machte den gewünschten stützenfreien Raum möglich.
Deutlich geprägt wird der pyramidenförmige Raum durch den nach Westen orientierten gläsernen Dacheinschnitt mit seiner ca. 5 m² großen Dachterrasse. Die ungewöhnliche, fast insektenhafte Gestalt dieser Gaube soll durch

Abgrenzung statt Verschmelzung: Die neu angefügten Bauteile sind in Material, Form und Volumen deutlich vom Bestand abgesetzt.

aufgesetzte Verschattungsflügel, die bisher leider nicht ausgeführt wurden, eine besondere Betonung erhalten.

Nach Osten gibt ein Streifen Dachflächenverglasung vom Boden bis in eine Höhe von ca. 90 cm den Blick in die gegenüber liegenden Bäume vom Bett aus frei. Das nach Süden gelegene Bad wird über eine Gaube mit flach geneigtem Pultdach belichtet und sorgt durch seine Schiebetür aus Holzlamellen auch im Schlafbereich für vielfältige Lichtstimmungen.

In das offene Dachgeschoss führt eine neue Treppe mit filigranem Stahlgeländer. Ein zusätzliches Fenster nach Westen ragt wie ein Kasten über die Fassade hinaus, sodass dieser Ort ein bevorzugter Sitz- und Beobachtungsposten für die Kinder geworden ist.

In einem zweiten Schritt wurden Veränderungen im Erd- und Obergeschoss – wie eine kleine Erweiterung und ein seitlicher Erker am Wohnzimmer sowie eine »Kleiderkammer« über dem Eingangswindfang – vorgenommen. Die Architektin Ursula Reich bewahrte auch hier Charakter und Proportion des bestehenden Hauses durch den Einbau dieser lediglich ergänzenden Elemente.

Zu guter Letzt wurde das Haus mit einem neuen Anstrich versehen, der seinen changierenden Terrakottaton aus drei unterschiedlich getönten Lasuren erhält.

Durch die geänderte Dachkonstruktion wurde der pyramidenförmige Raum ohne störende Stützen und Streben uneingeschränkt nutzbar.

Das Bad wirkt wie eine durch das Dach eingeschobene Box.

Den gewünschten, möglichst unmittelbaren Bezug des Ess- und Wohnraums zum Garten stellt der neue Glaserker mit der aufwändig konstruierten schrägen Schiebetür her.

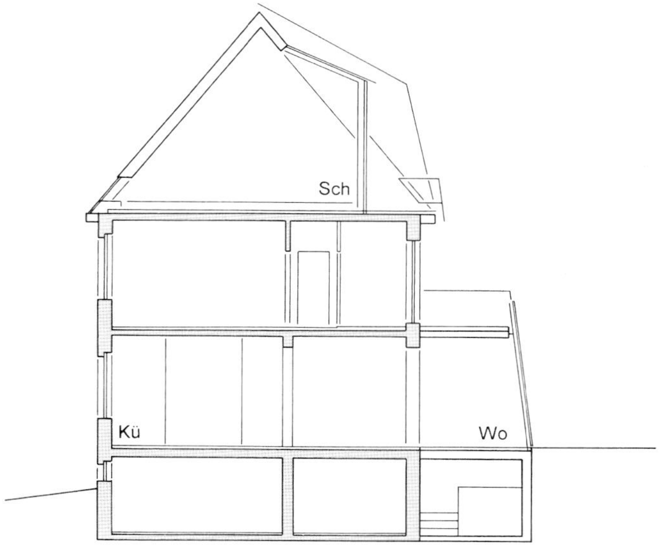

Schnitt

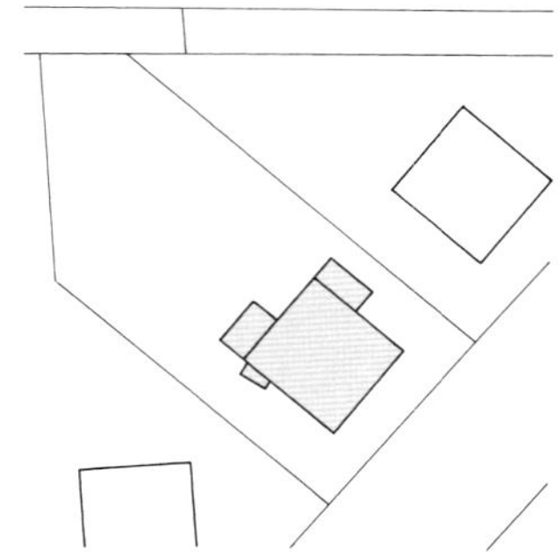

Lageplan

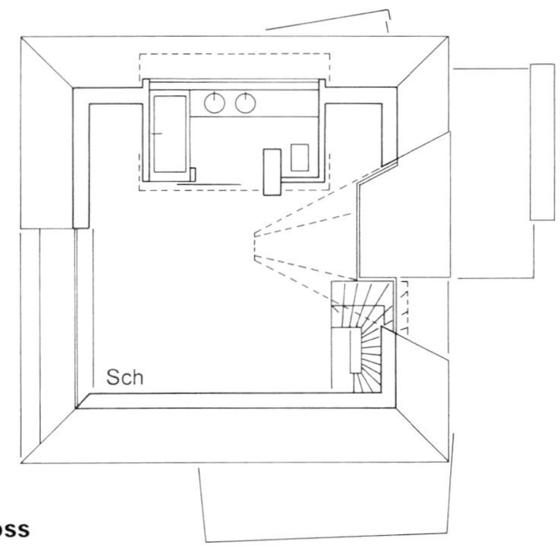

Dachgeschoss

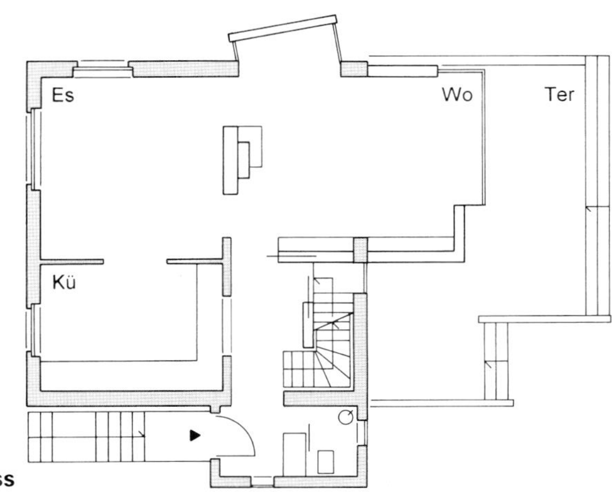

Erdgeschoss

M 1:250

Baudaten

Aufgabe: Umbau und Dachgeschossausbau eines frei stehenden Einfamilienhauses aus den dreißiger Jahren

Grundstücksgröße:	700 m²
Überbaute Fläche Bestand:	85 m²
Überbaute Fläche mit Erweiterung:	95 m²
Wohnfläche vor dem Ausbau:	118 m²
Wohnfläche nach dem Ausbau:	172 m²
Anzahl der Bewohner:	5
Baukosten, gesamt:	keine Angaben
Baujahr Bestand:	1931
Baujahr Umbau / Erweiterung:	1998
Planungs- und Bauzeit:	20 Monate

Bauweise und Materialien

Bauliche Ergänzungen mit Lärchenholzlamellen verschalt, Schrägverglasung und Geländer auf der Gartenseite Stahlkonstruktion Anthrazit pulverbeschichtet bzw. lackiert.
Neue Fenster, Türen und Leibungen aus Lärchenholz.
Fußböden: Eichenparkett, graugrüner Schiefer

Doppelhauserweiterung in Essen, Nordrhein-Westfalen
Architekten: Prof. J. Reichardt Architekten, Essen

Mahagoni-Annex

Die Doppelhaushälfte mit neuem Partner im Modell und im Original. Die kreative Nachbarschaft prägte sofort den Begriff der Schrankwand. Das extensiv begrünte Dach der Erweiterung bietet Platz für vier Kollektoren zur solarthermischen Brauchwassererwärmung.

Zunächst waren die Vertreter des städtischen Bauamts überhaupt nicht von der Idee des Essener Architekten Jürgen Reichardt angetan, neben das eingeschossige Doppelhaus aus den fünfziger Jahren mit traditionellem, ausgebauten Satteldach eine zweigeschossige, ultramoderne Holzkiste als Erweiterung zu stellen. Aus Behördensicht konnte man sich lediglich eine schlichte Verlängerung in Firstrichtung des Hauses vorstellen. Eine vergleichende Gegenüberstellung der beiden Entwürfe ergab jedoch, dass der auf den ersten Blick größer wirkende, weil zweigeschossige Baukörper letztendlich ca. 10% weniger Kubikmeter umbauten Raum aufwies als die Variante der konventionellen Verlängerung mit Drempel und Gauben. Die insoweit kompaktere der beiden Lösungen entsprach damit der von der Behörde grundsätzlich gewünschten geringeren Verdichtung des Wohngebiets.

Vier kleinen Zimmern – zwei Schlafzimmer im Obergeschoss und ein Gäste- und ein Wohnzimmer im Erdgeschoss – bietet der über eine Fuge an die Giebelwand des Altbaus angedockte Annex Platz. Diese Glasfuge dient dem neuen Baukörper als Eingangsbereich und nimmt in einem durchgesteckten Kern die Bäder im Erd- und das Obergeschoss auf.

Zweigeschossige Rahmen aus Brettschichtholz mit quer aussteifenden Kerto-Sperrholzdecken bilden die Primärkonstruktion, die in ihren Hohlräumen mit Wärmedämmung ausgefüllt und beidseitig mit OSB-Platten

geschlossen wurde. Das Äußere des prismatischen Quaders besticht vor allem durch seine ausgefeilte Fassadengestaltung. Mahagoni – in Sperrholztafeln 1,10 x 2,20 m verarbeitet – bildet die Außenhaut.
Die Fenster bestehen aus fest verglasten Elementen, die als »structural glazing« ohne außen sichtbare Rahmenprofile bündig in der Fassade eingearbeitet sind. Zu öffnen sind lediglich die ebenfalls fassadenbündigen, undurchsichtigen Klappflügel aus Edelstahl.

Die Fensterflächen sind fest verglast. Die Lüftung erfolgt über die Edelstahl-Klappflügel.

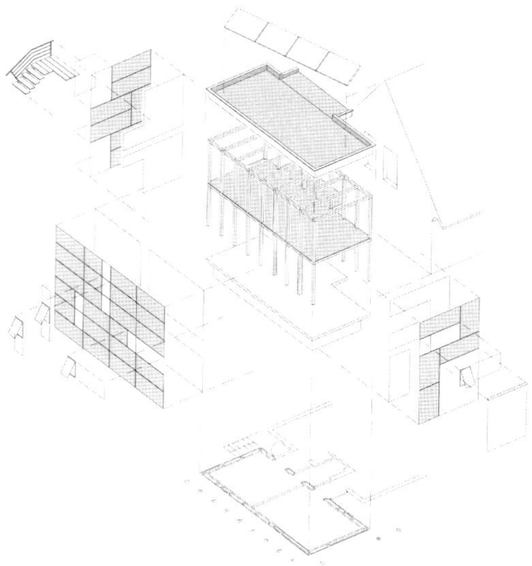

Explosionszeichnung

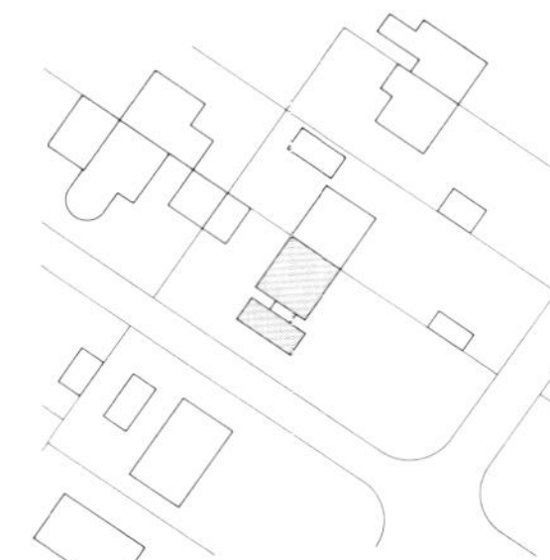

Lageplan

Baudaten

Aufgabe: Umbau und Erweiterung eines Doppelhauses aus den fünfziger Jahren

Grundstücksgröße:	750 m²
Überbaute Fläche Bestand:	69,7 m²
Überbaute Fläche mit Erweiterung:	109,9 m²
WF vor dem Ausbau:	163 m²
WF nach dem Ausbau:	249 m²
Anzahl der Bewohner:	5
Baukosten, gesamt:	DM 370.000,–
Baukosten je m² Wohnfläche:	DM 2.800,–
Umfang Eigenleistung: Außenanlagen	DM 15.000,–
Baujahr Bestand:	1951
Baujahr Umbau/Erweiterung:	2000

Bauweise und Materialien

Zweigeschossige BSH-Rahmen mit quer aussteifenden Kerto-Sperrholzdecken, Ständerwände vorgefertigte Holzrahmenelemente, WD, beidseitig OSB.
Fassade Mahagoni-Sperrholz, Festverglasung structural glazing und Klappflügel aus Edelstahl

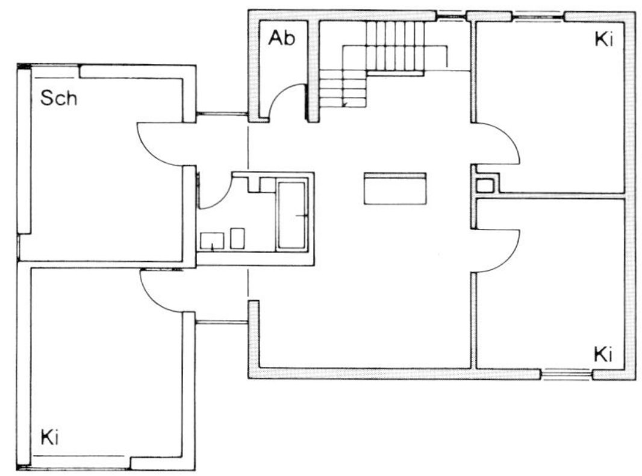

Obergeschoss

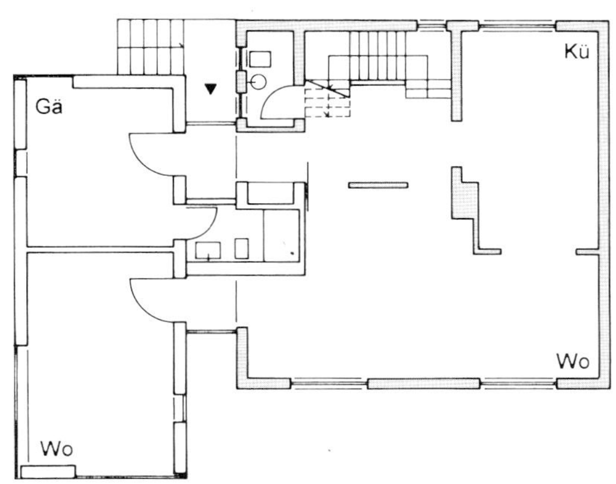

Erdgeschoss

M 1:200

Aufstockung in Trier, Pfalz
Architekt: Marcus Rommel, Stuttgart

Lückenschluss

Die Häuserzeile wartet auf ihre Nachverdichtung (siehe auch Seite 2).

Die erfolglose Suche nach einer familiengerechten Eigentumswohnung führte ein Bauherrenpaar schließlich zum Ausbau eines sich in Familienbesitz befindlichen, bislang vernachlässigten Hauses, das wie gewünscht im Grünen und nur wenige Kilometer vom Trierer Zentrum entfernt lag. Das eingeschossige, unscheinbare Flachdachgebäude aus den sechziger Jahren lag in der Mitte einer zweigeschossigen Häuserzeile, links und rechts von Brandwänden eingerahmt, und schien geradezu auf seine architektonische Entdeckung zu warten. Der junge Architekt Marcus Rommel, gleichzeitig Bruder respektive Schwager der Bauherren, konzipierte eine eineinhalbgeschossige Aufstockung als zweite Wohneinheit im Ober- und Dachgeschoss, die trotz der nur geringen Grundfläche des Bestandes von 65 Quadratmetern eine gute räumliche Ausnutzung ermöglichte. Das vorhandene Haus wurde komplett umgebaut mit der Option, später als barrierefreie, erdgeschossige Wohnung für einen Elternteil der Bauherren genutzt zu werden, um vielleicht einmal die Idee des Wohnens mehrerer Generationen unter einem Dach verwirklichen zu können. Die Obergeschosswohnung wurde als Duplex mit Hilfe einer durchgesteckten Erschließungszone in flexible, offene und annähernd gleiche Raumzonen aufgeteilt. Die flächensparende äußere Erschließung der oberen Wohnung und der gartenseitige Balkon nutzen dabei geschickt den bestehenden baulichen Versatz der nun gleichberechtigten, gereihten Häuser aus.

Das barrierefrei umgebaute, massive Erdgeschoss dient der in Leichtbauweise errichteten, eineinhalbgeschossigen Aufstockung als Sockel.

Die Erschließung der Einheiten erfolgt jeweils von außen, die obere Wohnung über einen geschützten Laubengang.

Der verglaste Drempel und eine Reihe Dachflächenfenster sorgen im Dachgeschoss für einen freien Blick und eine gute Energiebilanz.

Ausschlaggebende Gründe, sich für eine Holz-Rahmenbauweise zu entscheiden, waren die geringeren statischen Eigenlasten der Konstruktion, die kürzere Bauzeit sowie der Wunsch nach einer umwelttechnisch vertretbaren Bauweise. Der gesamten Detaillierung lag als Entwurfsprinzip zugrunde, den aufgesetzten, neuen Holzsystembau bis in die sichtbaren, hinterlüfteten Fassaden aus unbehandelten Lärche-Dreischichtplatten auch nach außen ablesbar zu machen.
In der Obergeschosswohnung wurde eine mechanische Lüftung mit Wärmerückgewinnung installiert, deren Effektivität die detailgenaue Planung und Ausführung der Luftdichtigkeit des Holz-Rahmenbaus gewährleisten. In Verbindung mit anderen Maßnahmen zum Wärmeschutz führte dies zu einem Heizenergiebedarf von 41 kWh/m^2 für das gesamte Haus. Betrachtet man den Energiebedarf der Aufstockung isoliert, ergibt sich sogar ein Bedarf von nur 33 kWh/m^2.

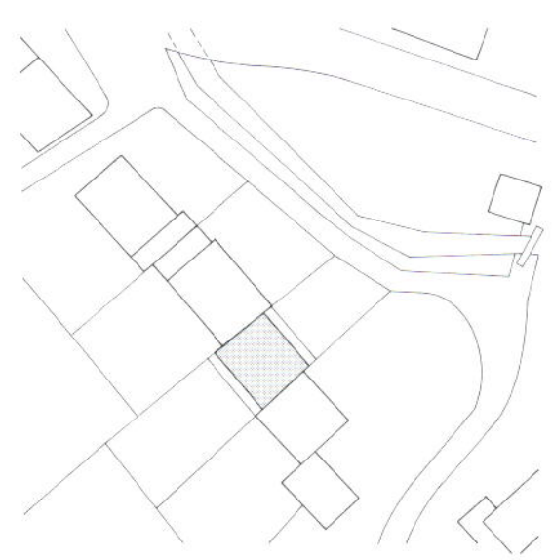

Lageplan

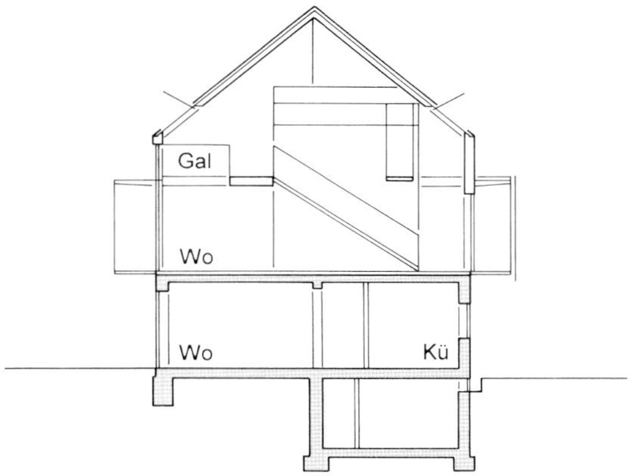

Schnitt

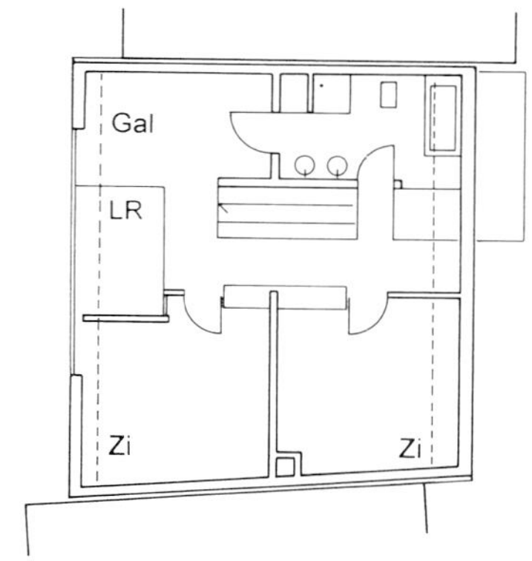

Dachgeschoss

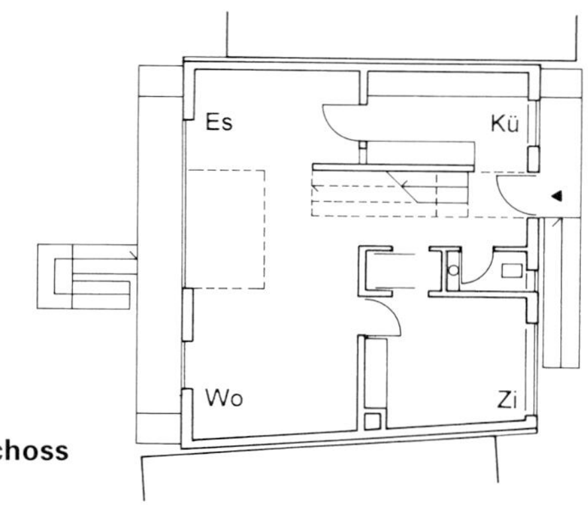

Obergeschoss

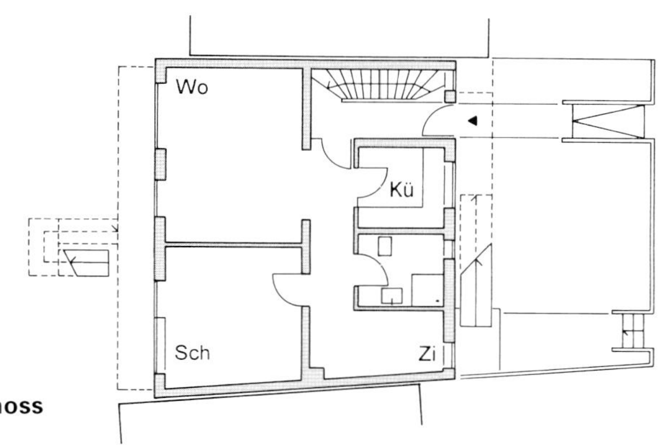

Erdgeschoss

M 1:250

Baudaten

Aufgabe: Sanierung und Aufstockung eines Reihenhauses aus den sechziger Jahren

Grundstücksgröße:	353 m^2
Überbaute Fläche Bestand:	87 m^2
Überbaute Fläche mit Erweiterung:	94 m^2
Wohnfläche vor dem Ausbau:	61 m^2
Wohnfläche nach dem Ausbau:	210 m^2
darüber hinaus Nutzfläche:	34 m^2
Anzahl der Bewohner:	5
Baukosten, gesamt:	DM 532.000,–
Baukosten je m^2 WF:	DM 2.540,–
Baujahr Bestand:	1968
Baujahr Umbau/Erweiterung:	1996

Bauweise und Materialien

Aufstockung: Holz-Tafelbau mit abgehängter Konstruktion für Balkone und Erschließung, Lärchenholzfassade, Zinkdach

Einfamilienhauserweiterung in Bad Salzuflen, Nordrhein-Westfalen
Architekten: Schmidt / Schmersahl + Partner, Bad Salzuflen

Konsequente Fortführung

Der Charakter des ehemals eingeschossigen, horizontal strukturierten Hauses veränderte sich durch die Aufstockung deutlich.

Rechte Seite: Zu Länge und Breite ist jetzt die dritte Dimension, die der Höhe, hinzugetreten.

Die wegen ihrer bautechnischen Mängel viel gescholtenen Flachdachbungalows aus den sechziger Jahren galten lange Zeit als verpönt und gerieten dadurch auf dem Wohnungsmarkt eher ins Abseits. Zu Unrecht – denn häufig überzeugen ihre Grundrisse durch einen erstaunlich innovativen Ansatz und besticht ihre Raumstruktur durch eine großzügig-elegante Erscheinung. Das hier vorgestellte Beispiel entsprach in Bezug auf den Raumbedarf, die technische Ausstattung und die ökologischen Anforderungen nicht mehr den heutigen baulichen Standards.
Das von den Bauherren gewünschte Raumprogramm ließ aufgrund des beengten Grundstückzuschnitts und des vorhandenen Bebauungsplans nur eine Aufstockung des vorhandenen Gebäudes zu.
Das Entwurfskonzept der Architekten sah eine kreuzförmige Überlagerung des klassisch-modernen, horizontal gegliederten Baus im Erschließungsschwerpunkt vor.
Eine zweigeschossige Empfangs- und Erschließungshalle bildet die vertikale Durchdringung und Verbindung des Erdgeschosses mit dem neuen Obergeschoss. Auf diese Weise sind zwei- und eineinhalbgeschossige neue Volumina entstanden, die Alt und Neu unverwechselbar miteinander verbinden.
Das bereits vorhandene Spiel der horizontal fließenden Räume setzt sich jetzt auch in der Vertikalen fort, wodurch der ursprüngliche Entwurfsgedanke eine konsequente Neubelebung erfährt.
Aus statischen Gründen ließ sich die Auf-

Der Innenraum ist von kräftigen und warmen Farbtönen geprägt, die mit den dezenteren Buchenholz- und Schieferböden korrespondieren.

Der Gang im Obergeschoss wird über ein durchlaufendes Lichtband illuminiert.

stockung nur in Holzbauweise kostengünstig ausführen. Die gewählte Holz-Tafelbauweise erlaubte eine schnelle Montage in vorgefertigten großen Wandelementen.
Diese wurden nachträglich mit einer hinterlüfteten Kupferpaneel-Fassade bekleidet. Der Bauablauf ließ sich dadurch erheblich beschleunigen, sodass der Familie einschließlich der Nachbarn durch die Baumaßnahmen nur eine Belastung von drei Monaten zugemutet werden musste. Im Hinblick auf die Baufolgekosten akzeptierte der Bauherr die wartungsfreie Fassadenbekleidung. Der heute geltende Niedrigenergiehausstandard konnte im Neubauteil erfüllt werden, sodass der Gesamtkomplex die heutigen Standards der Energieeinsparung hinreichend erfüllt. So wurde im Zuge des Umbaus auch die Haustechnik den neuesten Entwicklungen angepasst.

Baudaten

Aufgabe: Umbau, Modernisierung und Aufstockung eines eingeschossigen Flachdachbungalows

Grundstücksgröße:	1.250 m²
Überbaute Fläche Bestand:	194 m²
Überbaute Fläche mit Erweiterung:	231 m²
WF vor dem Ausbau:	162 m²
WF nach dem Ausbau:	275 m²
Anzahl der Bewohner:	4
Baukosten, gesamt:	DM 695.000,–
Baukosten je m² WF:	DM 4.200,–
Baujahr Bestand:	1960
Baujahr Umbau/Erweiterung:	1999
Bauzeit:	3 Monate

Bauweise und Materialien

Holzständerwerk, Kupferbekleidung
Aluminiumfenster, eloxiert, teilweise mit Edelstahldeckleisten.
Fußbodenheizung; Beläge Schiefer, Fertigparkett Buche, Wandbekleidungen aus mattiertem ESG, Möbel in MDF-lackiert

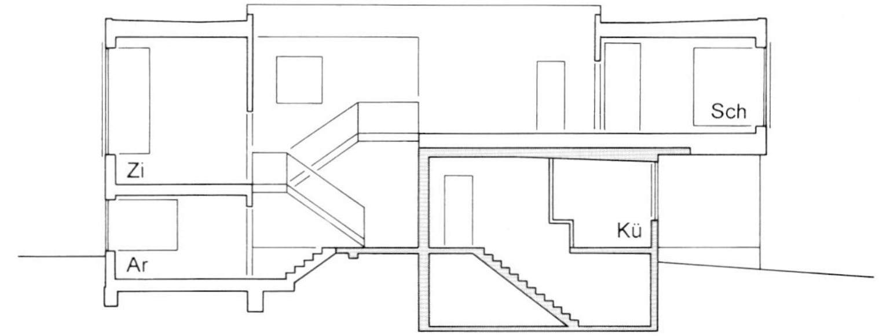

Schnitt

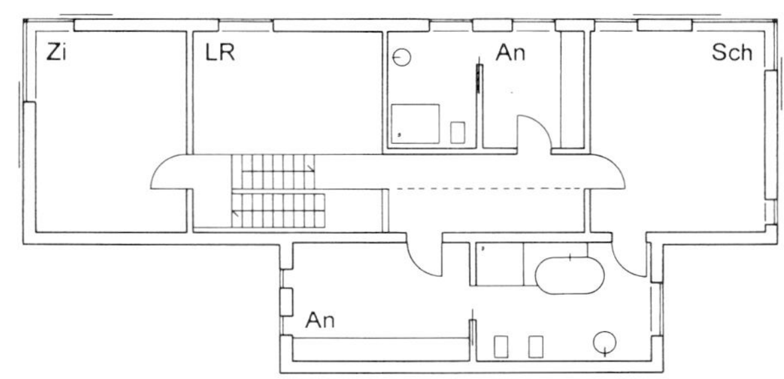

Obergeschoss

Erdgeschoss

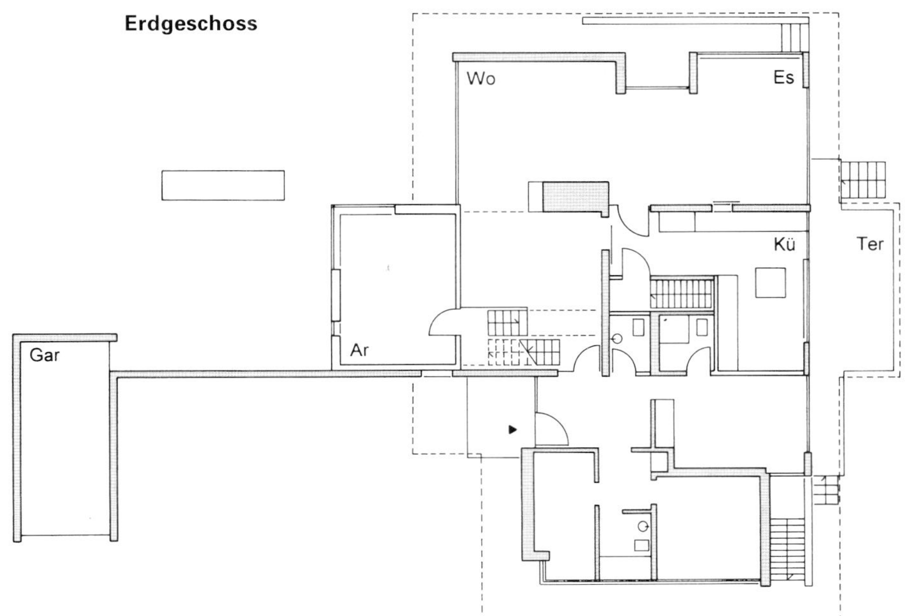

M 1:250

Reihenhauserweiterung in München, Bayern
Architekten: Seeger Ullmann, München

In Reih und Glied

Obwohl die im Südosten Münchens gelegene »Maikäfersiedlung« nur knapp vier Kilometer von der Innenstadt entfernt ist, befindet man sich hier mitten in einem ruhigen Grüngebiet. Erbaut wurde die Siedlung zwischen 1936 und 1939 von dem Architekten Guido Harbers für die GWG (Gemeinnützige Wohnungsbaugesellschaft). Die dort errichteten 849 »Volkswohnungen«, als Reihenhäuser auf schmalen Selbstversorgergrundstücken geplant, verfügten über einen äußerst einfachen Bau- und Ausstattungsstandard mit Deckenhöhen von 2,20 Metern und boten in fünf Grundrissvarianten Wohnfläche lediglich zwischen 37,5 und 48 Quadratmetern.
Das von den Bauherren 1995 erworbene Reihenmittelhaus war in unbewohnbarem Zustand und musste daher von Grund auf saniert werden. Die Architekten nutzten diese Gelegenheit, das Haus zu entkernen, um die vorhandene Kleinteiligkeit des Grundrissgefüges in eine weitgehend offene Struktur zu überführen.

Aus dem Archiv der Architekten.

Die sanierte
Eingangsseite.

Auf der Rückseite des Hauses entstand in Verlängerung der Nachbarbrandwände ein zweigeschossiger Anbau, der sich vier Meter tief in den Garten schiebt und neben einem Kellerraum einem erweiterten Allraum im Erdgeschoss Platz bietet. Um die durch diese Verlängerung entstandene, ungewöhnliche Raumproportion von 12x4 Metern zu entschärfen, sparten die Architekten das letzte Stück der Deckenfläche aus und setzten anstelle dessen eine horizontale Verglasung ein. So wurde die Raumtiefe des Erdgeschosses optisch verkürzt und der schlauch- beziehungsweise tunnelförmige Charakter abgemildert. Als wirkungsvoller Nebeneffekt fällt das Tageslicht dadurch tief in den langen Raum. Durch ihre fein profilierte, überraumhohe Glasfassade schafft die Erweiterung einen fließenden Übergang von Innen- und Außenraum und die damit gewünschte Offenheit zum eingewachsenen Garten.
Auf dem neuen Baukörper befindet sich eine große, über die Hausbreite reichende Terrasse, die vom Dachgeschoss aus zugänglich ist. Zur Belichtung dieses Geschosses und des Spitzbodens wurden auf der Straßen- und Gartenseite rundum verglaste Dachgauben als Fertigteile in die Dachfläche eingesetzt,

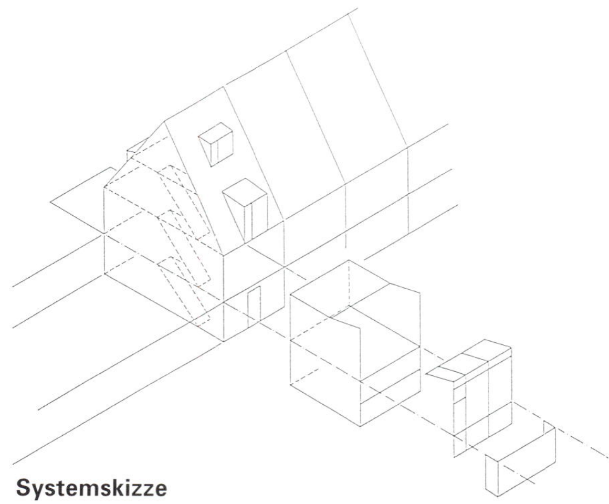

Systemskizze

Die veränderte Dachlandschaft mit den zwei rundum verglasten Gauben. Die Architekten wagten den Versuch, die chaotische nachbarschaftliche Dachlandschaft zu strukturieren.

die trotz dieser relativ kleinen Flächen für eine transparente und großzügige Atmosphäre sorgen.
Da die Haustrennwände zu den beiden Nachbarhäusern eine Stärke von nur 11,5 cm und die Stahlträgerdecken eine Betonschicht von lediglich 5 cm Stärke aufwiesen, stellten sich für die Architekten vor allem schalltechnische Probleme bei dieser unzureichenden Altbausubstanz. Die Schallisolierung der Trennwände wurde mit 6 cm Platz sparend im Trockenbau mit Kokosfasermatten hinter einer Gipskartonbeplankung verbessert.

Der helle Essplatz befindet sich im Bereich der ehemaligen Terrasse. Die schlauchförmige Raumproportion wird durch das geöffnete Deckenfeld am Ende entschärft, das Glasdach schafft zudem eine Wintergartenatmosphäre.

Dem über eine straßen- und eine gartenseitige Glasgaube belichteten Zimmer im 1. Obergeschoss ist das Holzdeck auf der Erweiterung vorgelagert.

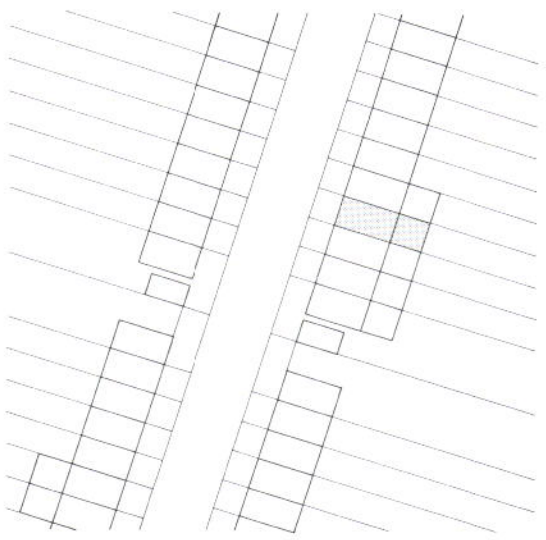

Lageplan

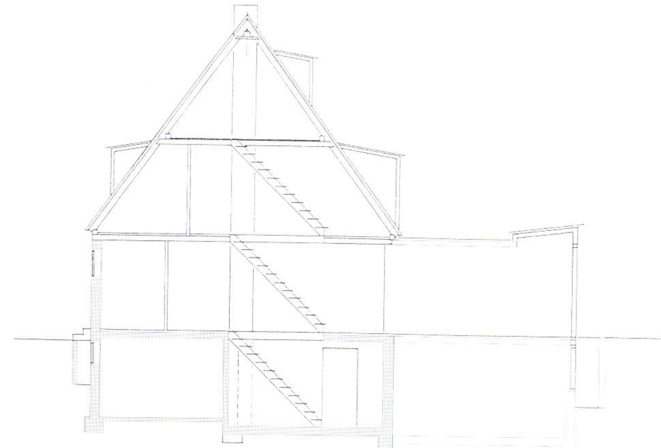

Schnitt

Reihenhaus
im Schnee.

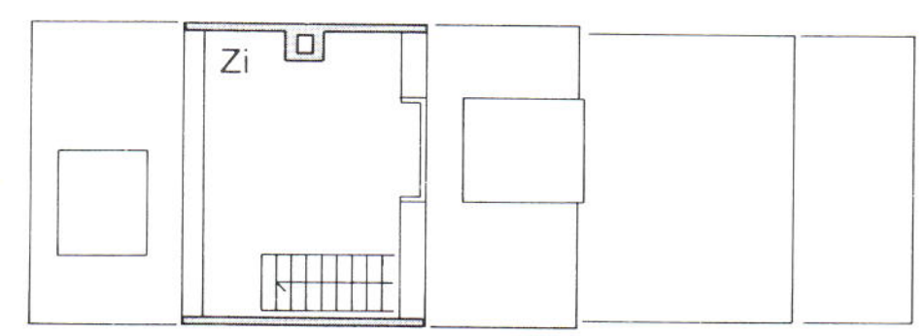

2. Obergeschoss

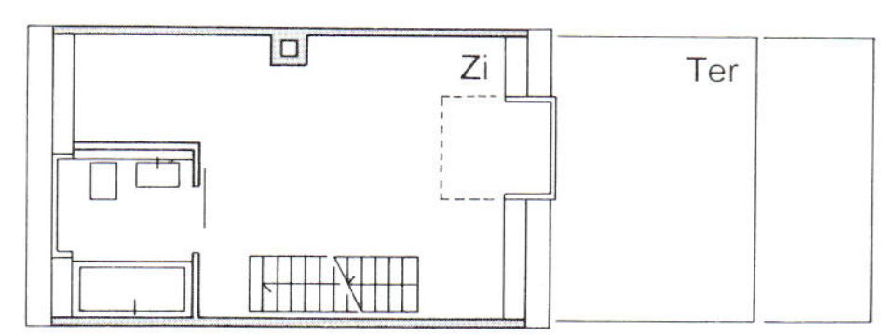

1. Obergeschoss

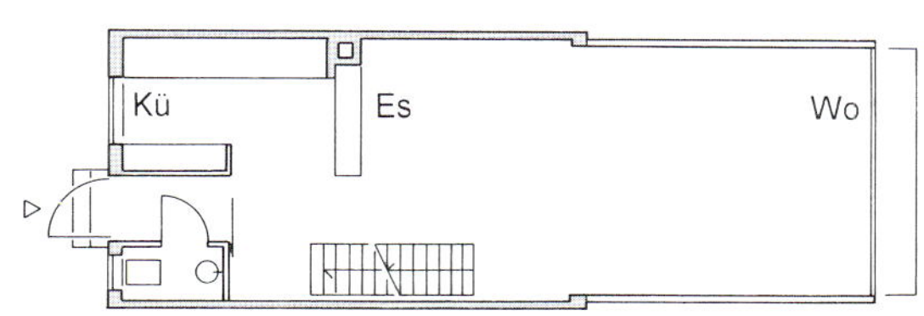

Erdgeschoss

M 1:250

Baudaten

Aufgabe: Umbau und Erweiterung eines Reihenmittelhauses

Grundstücksgröße:	151 m²
Überbaute Fläche Bestand:	31 m²
Überbaute Fläche Erweiterung:	50 m²
Wohnfläche vor dem Ausbau:	73 m²
Wohnfläche nach dem Ausbau:	105 m²
Anzahl der Bewohner:	2
Baukosten, gesamt:	DM 170.000,–
Baukosten je m² Wohnfläche:	DM 2.187,–
Umfang Eigenleistung:	DM 25.000,–
Baujahr Bestand:	1936
Baujahr Umbau/Erweiterung:	1995
Bauzeit:	6 Monate

Bauweise und Material

Mauerwerk, Isolierglas, Aluminiumfassade, Holzfenster

Umbau eines Einfamilienhauses in Essen, Nordrhein-Westfalen
Architektin: Eva von der Stein, Aachen

Betonte Veredelung

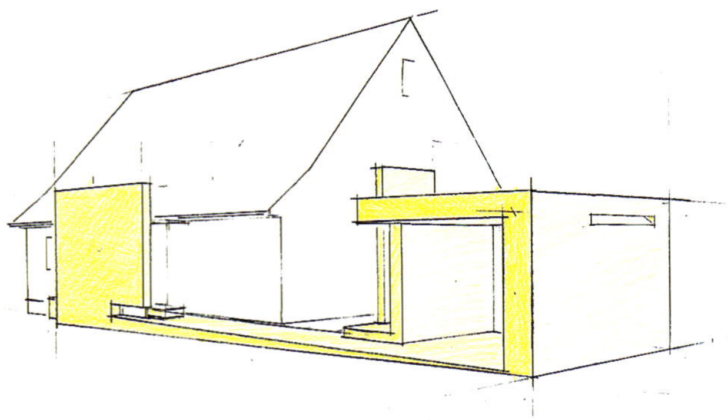

Der Umbau respektiert den solitären Charakter des frei stehenden, zeittypischen Hauses. Die in Form und Material einheitlich ergänzten Bauteile bilden dazu eine würdige Entsprechung.

Seltener als der Bedarf, ein Wohnhaus zu erweitern, stellt sich die Bauaufgabe, größere Wohnhäuser zurückzubauen. Dabei durchlaufen die meisten Familien – spätestens dann, wenn die Kinder das elterliche Haus verlassen – eine tief greifende Veränderung ihrer Strukturen, die die Eltern mit den auf mehrköpfige Familien ausgerichteten Platzverhältnissen zurücklässt. Diese bleiben dann häufig in ihren überdimensionierten und unpraktikablen Häusern wohnen, aus Furcht vor einer Veränderung, den Unannehmlichkeiten eines Umbaus und nicht zuletzt den Kosten.
Mit einer solchen Rückbauaufgabe für ein klassisch-schönes Haus aus den fünfziger Jahren in Essen wurde die junge Aachener Architektin Eva von der Stein betraut. Die Eigentümer suchten sich »zu verkleinern«, um in ihrem großen Haus für eine zweite, separate Einheit im Obergeschoss Platz zu machen. Diese sollte als vermietete Wohnung oder als Büro nutzbar sein.
Die Architektin organisierte das Haus neu, wobei sie das eineinhalbgeschossige Gebäude horizontal untergliederte und die Einheiten mit Bad beziehungsweise Küche komplettierte. Das ursprünglich nur durch eine innen liegende Treppe zu erreichende Obergeschoss erhielt einen eigenen, separaten Zugang von außen, der über eine externe Treppe erschlossen wird. Das Treppenloch der bestehenden, internen Treppe wurde geschlossen. Im Zuge der Umstrukturierung erneuerte die Planerin zudem die gesamte

Die präzise detaillierten, im besten Sinne gestalteten Bauteile.

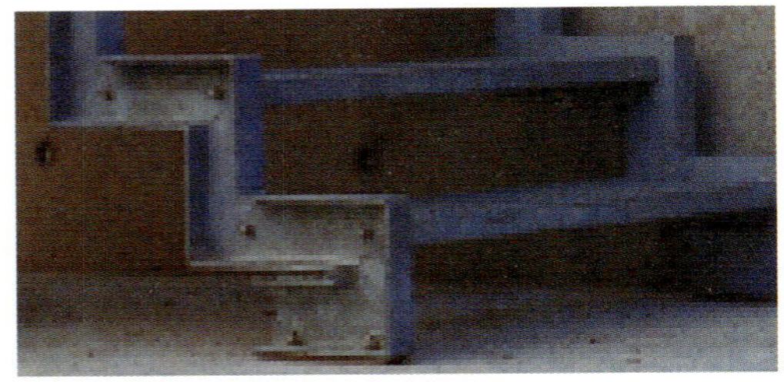

Haustechnik und zog einen neuen Wärmeschutz um das Gebäude. Die alte, angebaute Garage wurde abgerissen und durch eine frei stehende Doppelgarage ersetzt.
Gestalterisch fulminant zeigt sich der Entwurf in den neu hinzugefügten und präzis detaillierten Elementen aus Beton und Stahl, die die Veränderung des Hauses auch nach außen sichtbar machen. Die Garage, der neu gestaltete Hauseingang und der schlichte Treppenaufgang zur Obergeschosswohnung führen in ihrer materiellen und formalen Konsequenz zu einer zurückhaltenden, aber nachhaltigen Veredelung und Neubelebung des Hauses.

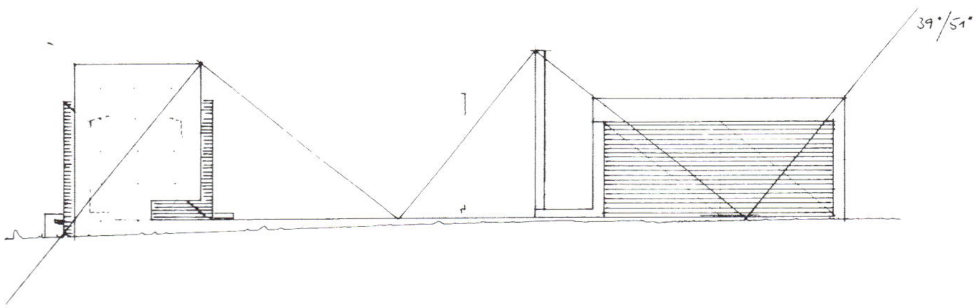

Proportionsstudie

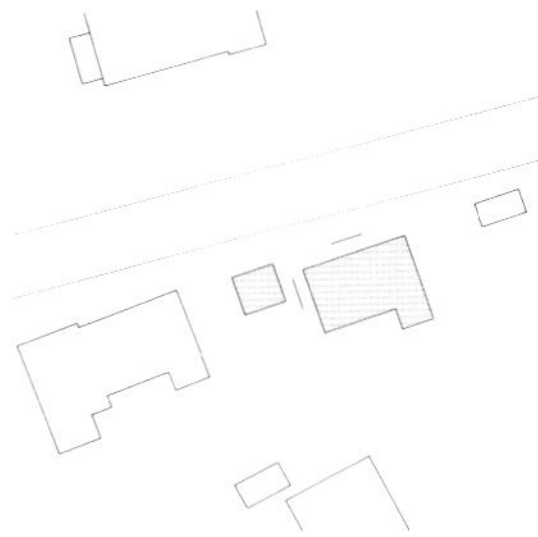

Lageplan

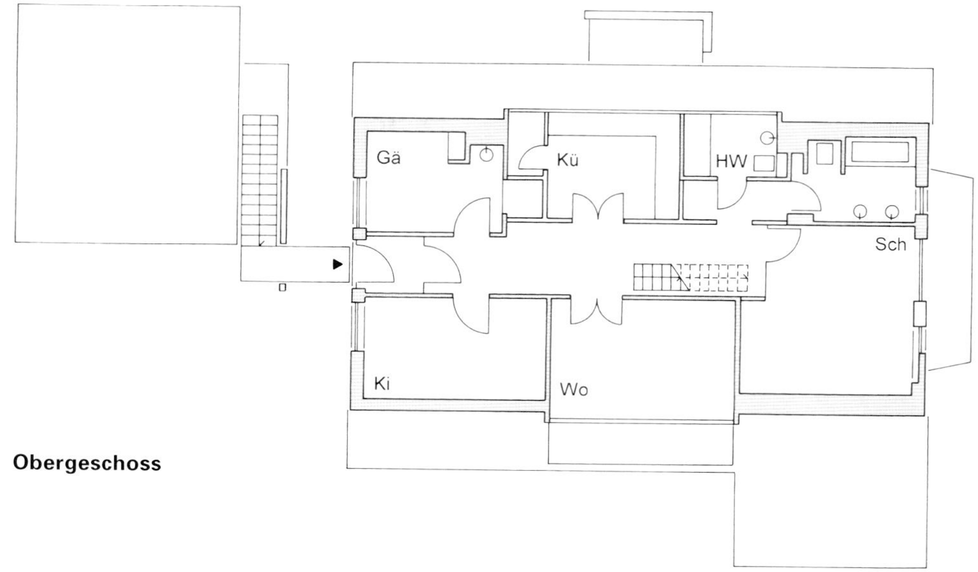

Obergeschoss

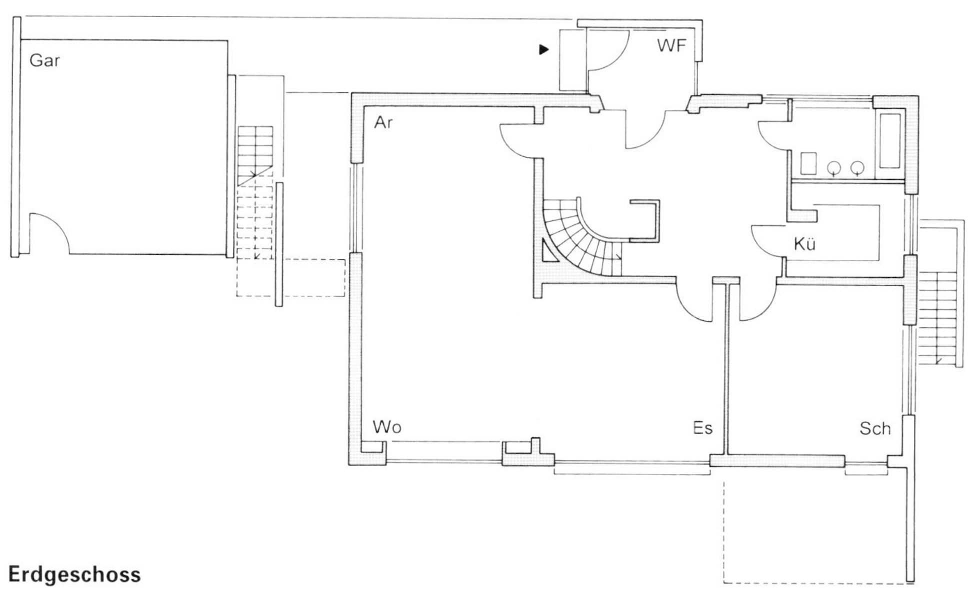

Erdgeschoss

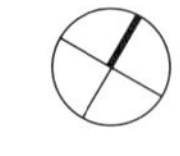

M 1:200

Baudaten

Aufgabe: Umbau eines frei stehenden Einfamilienhauses zu einem Zweifamilienhaus

Grundstücksgröße:	851 m²
Überbaute Fläche Bestand:	181 m²
Überbaute Fläche mit Erweiterung:	202 m²
Wohnfläche vor dem Ausbau:	225 m²
Wohnfläche nach dem Ausbau:	241 m²
Anzahl der Bewohner, EG:	3
Anzahl der Bewohner, OG:	4, alternativ Büro
Baukosten, gesamt:	DM 560.000,–
Baujahr Bestand:	1955
Baujahr Umbau/Erweiterung:	1998

Bauweise und Materialien

Sichtbeton (Spanplattenschalung) ohne Dehnungsfugen
Stahlteile: verzinkt und Edelstahl
Holzteile: kesseldruckimprägniert und lackiert

Reihenhauserweiterung in München, Bayern
Architekt: Frank Stille mit Werk&Stadt Architekten, Hamburg

Ins Zentrum gerückt

Polaroids des Reihenhauses vor dem Umbau.

Offenheit und Transparenz waren die zentralen Forderungen der Neu-Eigentümer an die Umgestaltung des im Münchener Norden gelegenen Endreihenhauses. Der mit den Bauherren befreundete Hamburger Architekt Frank Stille plante einen behutsamen Umbau einschließlich einer Erweiterung des in der Struktur eines eingeschossigen Winkelbungalows erbauten Hauses, wobei er das bis zu diesem Zeitpunkt ausschließlich als Keller genutzte Untergeschoss sinnvoll mit einbezog.

Der östliche »Hausschenkel« wurde auf beiden Ebenen um vier Meter verlängert, sodass zwei neue Räume – ein Kinderzimmer im Erdgeschoss und ein Abstellraum im Untergeschoss – entstanden. Für die Kinder ergibt sich nun ein direkter Zugang zur ebenfalls vergrößerten, jetzt ihren Zimmern vorgelagerten West-Terrasse. Der Schlafbereich der Eltern samt Bad wurde in das Untergeschoss verlegt. Das Licht fällt über gezielt in die bis dahin komplett geschlossene Ostfassade gesetzte Fenstereinschnitte ein, wodurch das jetzt von der Morgensonne belichtete Untergeschoss erheblich aufgewertet wurde. Gleichzeitig gelang eine überzeugende Umgestaltung des Dielenbereichs durch die Verknüpfung der Geschosse über einen kleinen Luftraum. Ein verbindendes vertikales Fensterband schafft die nötige Belichtung und betont damit die neu entstandene »Galerie«.

Die gewünschte Weitläufigkeit im Wohnbereich erzielte der Architekt durch das voll-

Die Erweiterung als schlichte Verlängerung des Hausschenkels bewahrt Proportion und Figuration des Vorgefundenen.

Das Fenster zur Küche.

ständige Öffnen der Südfassade, indem er in diesem Bereich die Zwischendecke aus Beton samt Sturz herausnehmen ließ. Die Glasfassade wuchs dabei von 2,50 auf 3,50 Meter an; der Raum reicht jetzt fast in den First des etwa 15° flach geneigten Daches.
Die kräftige rote Farbgebung markiert die vom Hauseingang in die Hausmitte verlegte Küche als gewichtiges Zentrum des Hauses und den gewünschten Mittelpunkt des familiären Lebens. Das pointiert gesetzte Fenster in der Küchenwand erlaubt den nötigen Rundumblick »auf der Brücke«.

Der Wohnraum gewinnt durch die um etwa zwei Meter nach außen versetzte und jetzt bis zur Decke reichende Glasfassade.

Der neue Bereich der Eltern im Souterrain.

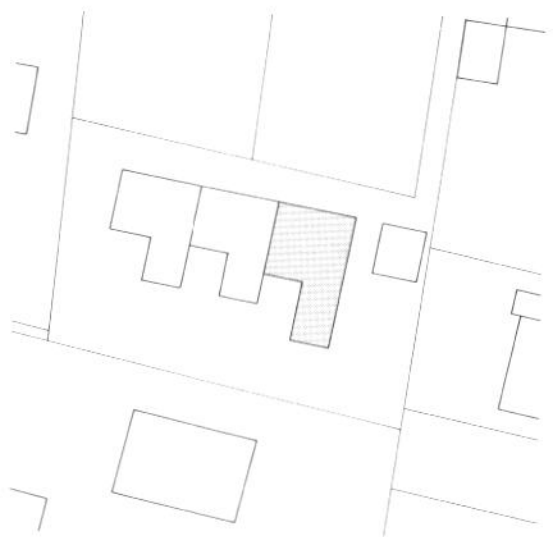

Lageplan

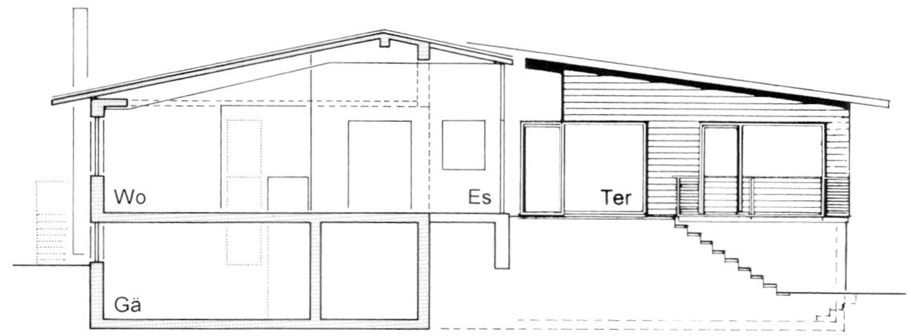

Schnitt

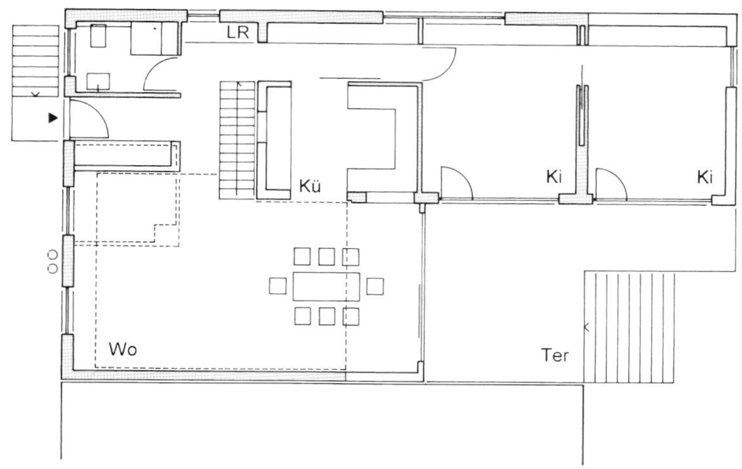

Erdgeschoss

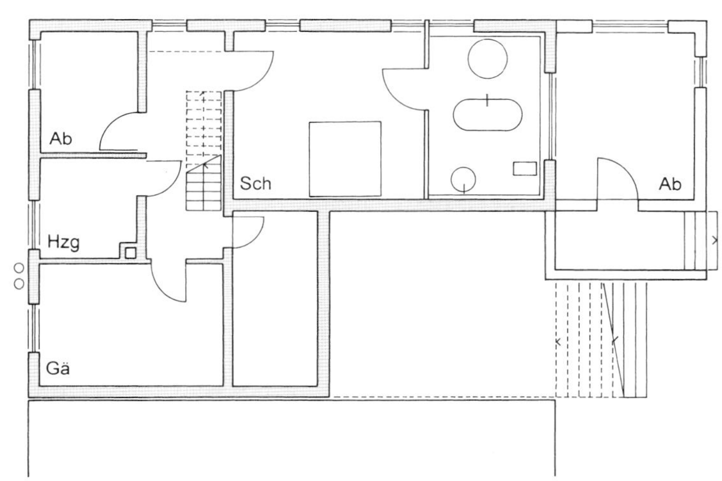

Untergeschoss

M 1:200

Baudaten

Aufgabe: Umbau und Erweiterung eines eingeschossigen Endreihenhauses aus dem Jahr 1973

Grundstücksgröße:	680 m²
Überbaute Fläche Bestand:	92 m²
Überbaute Fläche mit Erw.:	120 m²
Wohnfläche vor dem Ausbau:	92 m²
Wohnfläche nach dem Ausbau:	174 m²
Nutzfläche vor dem Ausbau:	79 m²
Nutzfläche nach der Erweiterung:	35 m²
Anzahl der Bewohner:	4
Baukosten, gesamt:	DM 400.000,–
Baujahr Bestand:	1973
Baujahr Umbau/Erweiterung:	1998
Planungs- und Bauzeit:	18 Monate

Bauweise und Materialien

Mauerwerk, Stülpschalung aus unbehandeltem Lärchenholz, Holzfenster, Dielenboden

Wohnhausumbau in Frankenthal, Hessen
Architekten: Tatjana Vautz mit Stefan Mang, Stuttgart

Die Revitalisierung der Kaffeemühle

Vom hässlichen Entlein ...

Ein zweigeschossiges Siedlungshaus aus den dreißiger Jahren mit einem für diese Hausform typischen Zeltdach stand zur Sanierung und Erweiterung an. Das vergrößerte Raumangebot sollte für eine fünfköpfige Familie flexibel nutzbar sein und nach Bedarf ein kleines Büro oder eine separate Wohneinheit beherbergen. Die vorhandenen Proportionen und den ursprünglichen Charakter dieser »Kaffemühle« wollte die Architektin bewahren und gleichzeitig neu beleben.
Aufgrund des abschüssigen Geländeverlaufs war es nahe liegend, durch Ausbau und Tieferlegen in Teilbereichen des Kellergeschosses weitere Nutzflächen zu schaffen.
An der Südseite gliedert sich jetzt auf dieser Ebene ein eigenständiger Baukörper mit einer vorgestellten Stahlkonstruktion in angemessener Kubatur dem Bestand an, der sich auf drei Seiten zum Garten öffnen läßt. Das Dach des Anbaus dient als großzügige Terrasse vor dem darüber liegenden Wohnzimmer, das über eine leichte Stahltreppe mit dem Garten verbunden ist. Einhängbare Verschattungselemente machen in den Sommermonaten den Aufenthalt in dem neuen, lichtdurchfluteten Gartenzimmer angenehm.
Der an der Ostseite entstandene Carport als weiterer eigenständiger Baukörper mit darunter liegender Abstellfläche bildet durch seine aufgelöste Eindeckung einen luftigen Kontrast zum eher trutzig wirkenden Altbau.
Die grafisch angeordneten Fenster in der ehemals vollständig geschlossenen Westfassade brechen die Ansicht des Gebäudes,

... zum stolzen Schwan. Vergrößerte Fensteröffnungen und der neue Anstrich mit farbigen Akzenten geben dem Gebäude heute ein freundliches Antlitz.

das gleichzeitig den städtebaulichen Abschluss eines lang gezogenen Straßenplatzes darstellt, optisch auf. Nach innen ermöglichen die neuen Einschnitte eine verbesserte Belichtung und erlauben, die in der Wohnstraße spielenden Kinder von der Küche aus zu beaufsichtigen.
Neue Öffnungen, Durchblicke und der Einsatz von Farbe bringen innen und außen Großzügigkeit und Frische in das vormals etwas muffig und freudlos wirkende Haus.

Durch das leicht abschüssige Gelände konnte im Souterraingeschoss attraktive Nutzfläche in Form eines Gartenzimmers gewonnen werden. Der Glasvorbau wird dank der niedrigen Brüstungshöhe über relativ große Scheiben von drei Seiten belichtet, die bei Bedarf über eingehängte Holzlamellen-Vorhänge verschattet werden.

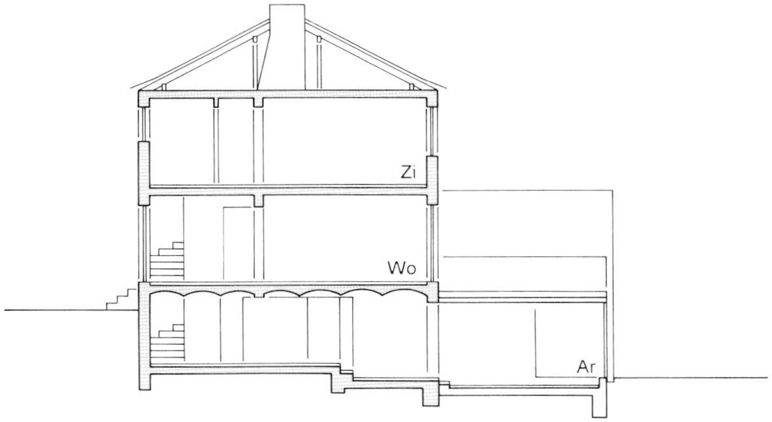

Schnitt

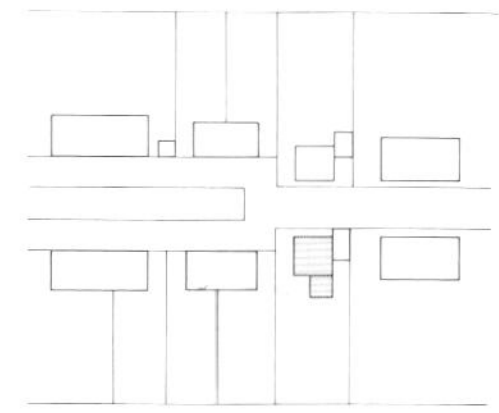

Lageplan

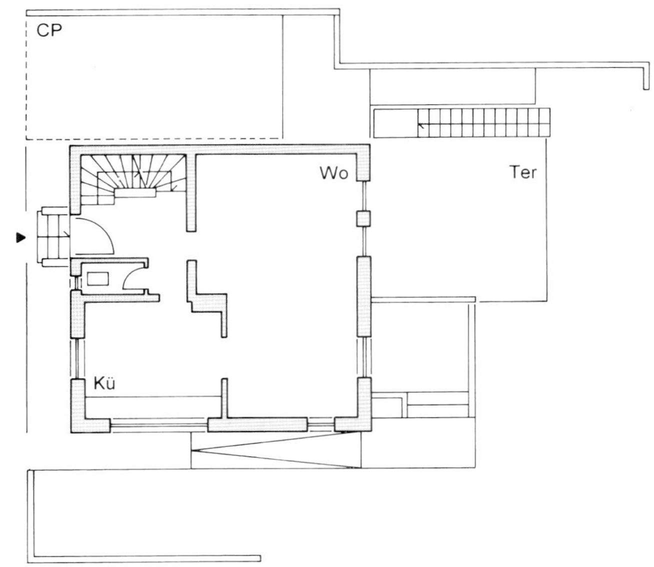

Erdgeschoss

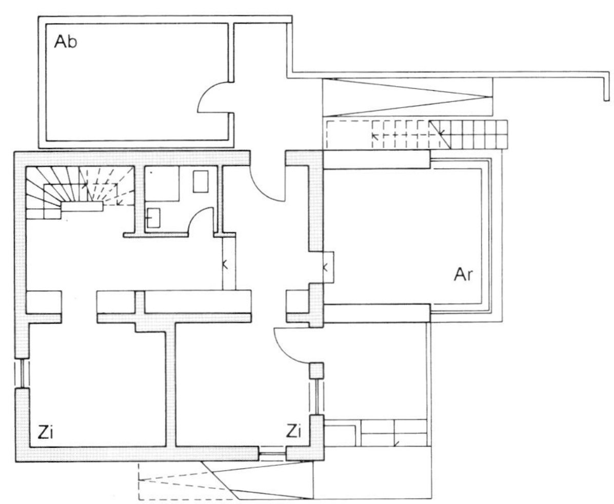

Untergeschoss

M 1:200

Baudaten

Aufgabe: Umbau und Erweiterung eines zweigeschossigen Hauses aus den dreißiger Jahren
Gebäudetyp: frei stehendes Einfamilienhaus

Grundstücksgröße:	582 m^2
Überbaute Fläche Bestand:	64 m^2
Überbaute Fläche mit Erw.:	101 m^2
Wohnfläche vor dem Ausbau:	99 m^2
Wohnfläche nach dem Ausbau:	154 m^2
darüber hinaus Nutzfläche:	25 m^2
Anzahl der Bewohner:	4
Baukosten, gesamt:	DM 430.000,–
Baukosten je m^2 WF/NF:	DM 2.400,–
Umfang Eigenleistung:	DM 10.000,–
Baujahr Bestand:	1934
Baujahr Umbau/Erweiterung:	1997

Bauweise und Materialien

Pergola und Carport aus verzinkten Stahlteilen, Gartenzimmer: Stahlbetondecken und -wände, Aluminium-Fensterrahmen, Isolierglas, Holzlamellen: Lärche

Einfamilienhausumbau in Flawil, CH
Architekten: Markus Wespi mit
Jérôme de Meuron, Caviano und Zürich

Vom hölzernen Fertighaus zum Architektenhaus aus Holz

Die Architekten Wespi und de Meuron erhielten 1999 den Auftrag, ein unscheinbares Einfamilienhaus in einem kleinen Schweizer Ort im Kanton St. Gallen umzubauen. Das Besondere an dieser Aufgabe bestand darin, dass es sich bei diesem Haus um eines der ersten in der Schweiz in Holzbauweise erstellten Fertighäuser handelte. Aufgrund seiner in der Zwischenzeit rundum verputzten Außenfassade war es jedoch überhaupt nicht mehr als solches identifizierbar.
Dementsprechend reagierten die Architekten zunächst mit der Freilegung der ursprünglichen Substanz. Sie befreiten das Haus von der Putzschicht, um dann eine völlig neue, nun wärmegedämmte Außenhaut aus Lärchenholzlamellen in unterschiedlichen Abständen über den gesamten Baukörper zu stülpen.
Entstanden ist ein bündiger kleiner Holzkubus, der nun auch wieder im äußeren Erscheinungsbild auf seine hölzerne Geschichte verweist und in seiner Schlichtheit Anklänge an traditionelle landwirtschaftliche Scheunen der Umgebung sucht und findet.
Die geschlossenen Nord-, Ost- und Westfassaden werden lediglich durch kleine, gezielt platzierte Fenster durchbrochen. Die Südfassade ist dagegen großflächig geöffnet. Die hier befindlichen Räume erhielten wegen der direkt vor dem Haus verlaufenden Straße einen wirkungsvollen Sichtschutz, durch die ebenfalls an dieser Seite verlaufenden horizontalen Lamellen. Je nach Entfernung des Betrachters ändert sich der Grad der Offen-

Als Holzhaus nicht zu erkennen: der Putzbau vor der Reinkarnation.

Aus der Ferne betrachtet, erinnert das geschlossene Gebäude an einen zur Abholung gelagerten Brettstapel.

Aus der Nähe gesehen, besticht das Haus durch das subtile Durchlässig-Verschlossen-Spiel, seine Schichtigkeit und die ausgefuchste Detaillierung.

Die Tür vom Wohnraum zum Garten liegt in dem »Erweiterungsstreifen«.

Unter Verwendung der Altbauteile wurde der gesamte Innenausbau in Holz, ergänzt durch Sichtbetonelemente, ausgeführt.

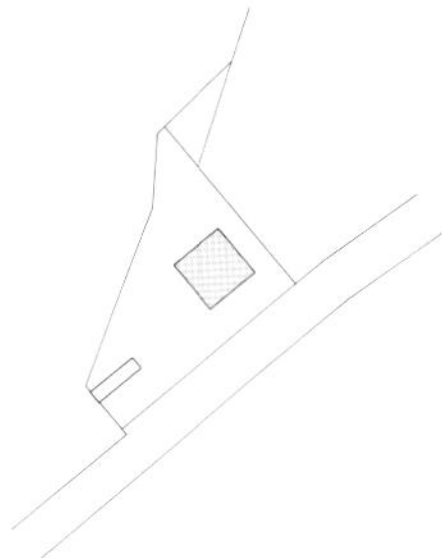

Lageplan

heit des Hauses. Aus der Nähe wirkt es durchlässig – in größerer Distanz hingegen erscheint der Lamellenvorhang geschlossener und verleiht dem gesamten Baukörper einen fast monolithischen Charakter.
Die ursprüngliche Holzständerkonstruktion mit Holzbalkendecken auf dem Sockelgeschoss aus Beton wurde in das Umbaukonzept integriert und blieb erhalten. Zur Beheizung ist das Haus neben einer modernen Gaszentralheizung zusätzlich mit einem Warmluftkamin ausgestattet.

Baudaten

Grundstücksgröße:	511 m²
Überbaute Fläche Bestand:	45 m²
Überbaute Fläche mit Erw.:	62 m²
Wohnfläche vor dem Ausbau:	80 m²
Wohnfläche nach dem Ausbau:	130 m²
darüber hinaus Nutzfläche:	20 m²
Anzahl der Bewohner:	2
Baukosten, gesamt:	DM 600.000,–
Baujahr Bestand:	1950
Baujahr Umbau:	2000
Bauzeit:	7 Monate

Bauweise und Material

Holzständerkonstruktion auf Stahlbeton-Sockelgeschoss (Bestand), Holzschalung: Lärche, Holzlamellen: Douglasie, Dachdeckung: Titanzinkblech, Innenausbau: Tanne, Fichte, Lärche, Kamin in Sichtbeton.

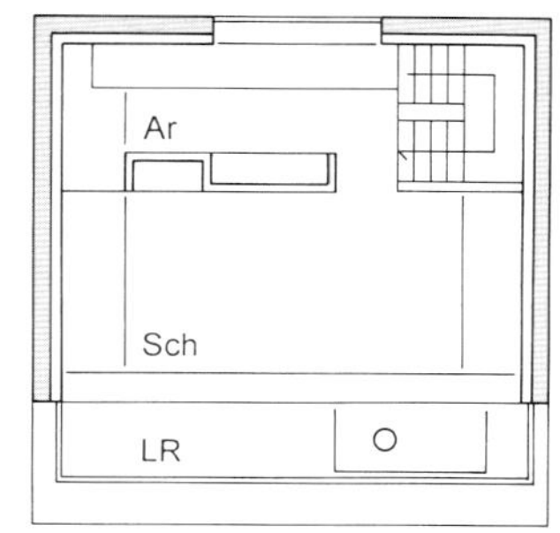

Dachgeschoss

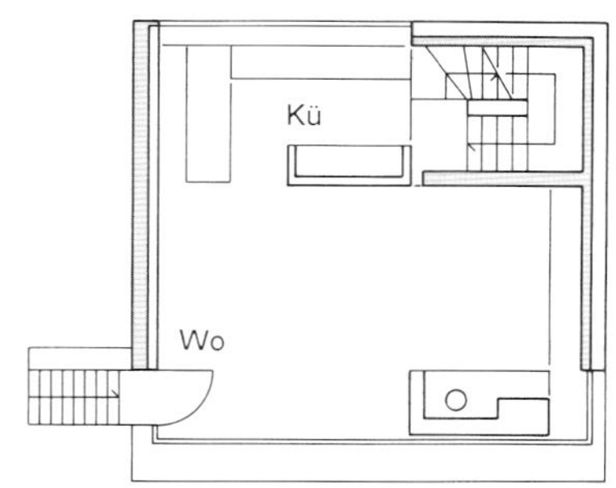

Obergeschoss

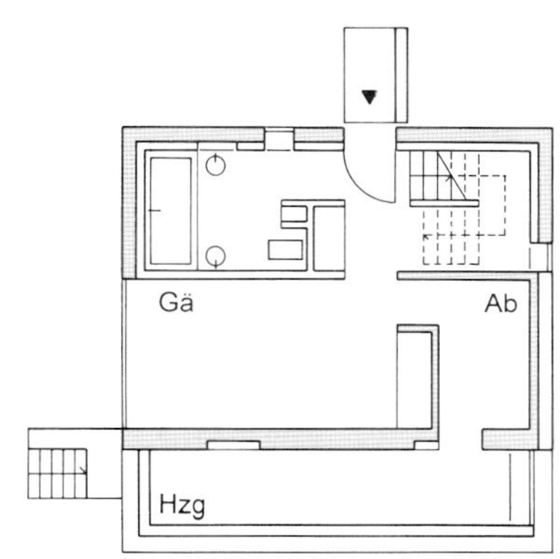

Erdgeschoss

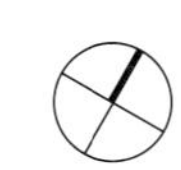

M 1:200

Umbau und Erweiterung in Lahr, Baden-Württemberg
Architekt: Ralf Zander, Ettlingen

Cluster-Eleganz

Der elegante Baukörper schiebt sich weit in den Garten hinein.

Das für die fünfköpfige Familie viel zu kleine Haus aus den vierziger Jahren sollte durch einen ebenerdigen Anbau in den großen Garten hinein erweitert werden. Geplant war, das bestehende Haus nach Umbau und Modernisierung als reines Schlaf- und Kinderhaus und den neuen Anbau als Wohnhaus zu nutzen.
Das Raumprogramm für die Erweiterung war dementsprechend umfangreich. Neben einem großzügigen Wohn- und Essraum mit großräumiger Küche sollte sie darüber hinaus noch einen neuen Eingangsbereich mit Gäste-WC und Abstellraum beherbergen. Da die Bauherren für die verschiedenen Funktionsbereiche unterschiedliche Raumhöhen wünschten, entwickelte der Architekt Ralf Zander den Anbau als dreikubigen Baukörper, der nun zusammen mit einer ebenfalls in diesem Zuge umgestalteten Voliere und dem Altbau ein hofartiges Ensemble im Zentrum des eingewachsenen Grundstücks bildet.
Ein kräftig roter Kubus markiert den neuen Hauseingang, der an der Nahtstelle zwischen Alt- und Neubau vermittelt und verteilt. Der ebenfalls massive Küchenkubus kontrastiert dazu in der Farbe Lichtgrau und ist über eine 2,40 x 2,40 Meter große Schiebetür mit dem dritten Bauteil, dem 3,60 Meter hohen Wohn- und Essbereich verbunden. Die Farbigkeit der kleineren Kuben setzt sich auch im Innern des Anbaus fort, sodass der Entwurfsgedanke des Zusammensetzens nachvollziehbar bleibt.

Das von Ralf Zander gewählte Entwurfsmotiv des Glashauses im Park weckt Assoziationen zu berühmten Vorbildern wie das Farnsworth House in Fox River, Illinois von Ludwig Mies van der Rohe oder das »Glass House« in New Canaan, Connecticut von Philip Johnson (beide ca. 1950).

In den 3,60 Meter hohen Wohnraum sind die farblich unterschiedlich codierten Raumbereiche als Boxen eingeschoben.

Der Hauptraum ist im Gegensatz zu den anderen Bereichen sehr transparent und öffnet sich mit der raumhohen Glasfassade nach Süden. Er wird von einem Dach bekrönt, das wie eine leichte Scheibe über dem Raum zu schweben scheint und dadurch den schwerelosen Eindruck der Konstruktion unterstreicht. Verstärkt wird diese Leichtigkeit durch das Auskragen der gläsernen Gebäudeecke nach Süden.
Besonderes Augenmerk lag in der Detaillierung der schwellenlosen Übergänge durch die Fassade. Innen- und Außenraum werden nahtlos passiert, was die Gebäudehülle fast vergessen macht.

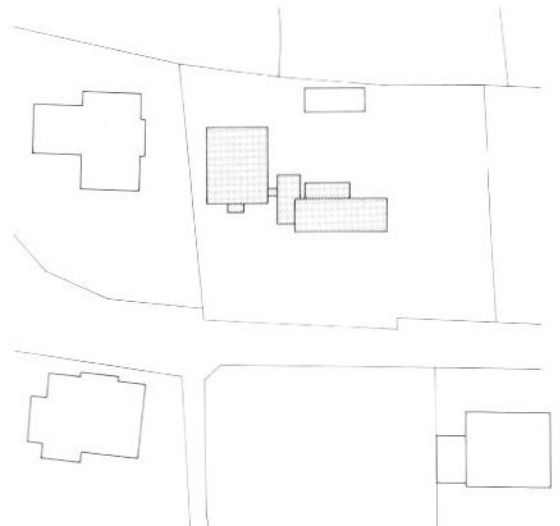

Lageplan

Schnitt

Erdgeschoss

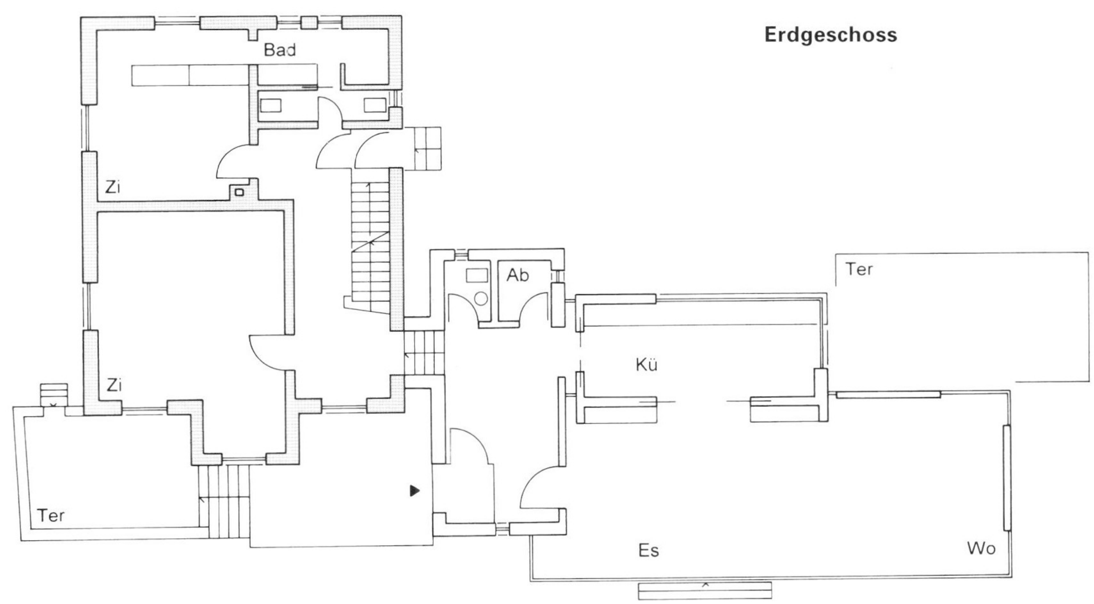

M 1:200

Baudaten

Aufgabe: Anbau an ein frei stehendes Einfamilienhaus

Grundstücksgröße:	1.200 m²
Überbaute Fläche mit Erw.:	210 m²
Wohnfläche Erweiterung:	87 m²
Anzahl der Bewohner:	5
Baukosten, gesamt:	keine Angaben
Baujahr Bestand:	1940
Baujahr Umbau/Erweiterung:	1998
Bauzeit:	8 Monate

Bauweise und Material

Außenwände in Porenbeton, Dach und Boden als Holzbalkenkonstruktion, Isolierverglasung in Pfosten-Riegel-Fassade mit umlaufenden Stahlprofilen

Architektenverzeichnis und Bildnachweis

Bfa Büro für Architektur
Antje Krauter, Matthias Ludwig,
Friedericke Oertel
Dipl.-Ing. Architekten
Gänsheidestrasse 55
D-70184 Stuttgart
Seite: 24–31
F: Valentin Wormbs, Stuttgart

Hans-Peter Bonasera
Dipl.-Ing. Freier Architekt
Kronenstrasse 5
D-72202 Nagold
Seite: 32–35
F: Archiv Architekt

Gassner & Zarecky
Uli Gassner, Peter Zarecky
Dipl.-Ing. Architekten
Maiglöckchenweg 16
D-85521 Riemerling
Seite: 36–39
F: Archiv Architekten

Goerdt & Schwarz
Marion Goerdt, Irene Schwarz
Dipl.-Ing. Architektinnen
Lindenstrasse 82
D-50674 Köln
Seite: 40–43
F: Wilfried Dechau, Stuttgart

Hochholdinger Knauer
Gabriele Hochholdinger, Franz Knauer
Dipl.-Ing. Architekten
Rankgasse 13/3
A-1160 Wien
Seite: 44–47
F: Rupert Steiner, Wien

Ilg & Partner Architekten
Klaus Ilg, Dipl.-Ing. Architekt
mit Michael Onischke
Jahnstrasse 25
D-80469 München
Seite: 15
F: Florian Holzherr, München

Huss Rammes Krekemeyer
Lothar Huss, Heinz Rammes
Dipl.-Ing. Architekten,
Thomas Krekemeyer
Dipl.-Ing. Architekt Innenarchitekt
Rudolf-Diesel-Strasse 24
D-49479 Ibbenbüren
Seite: 16
F: Eslage & Voß, Ibbenbüren

Kalhöfer – Korschildgen
Ulrich Kalhöfer, Stefan Korschildgen
Dipl.-Ing. Architekten
Niehlerstrasse 94/2
D-50733 Köln
Seite: 48–51
F: Wilfried Dechau, Stuttgart

Wolfgang Kergaßner
Prof. Dipl.-Ing. Architekt
Löffelstrasse 5
D-70597 Stuttgart
Seite: 52–55
MA: Markus Christ und Robert Brixner
F: Oliver Schuster, Stuttgart

Hanspeter Lüthi und Andi Schmid
Architekten ETH SIA SWB
Grimselweg 5
CH-6005 Luzern
Seite: 56–61
F: Hannes Henz, Zürich

Christoph Mäckler
Prof. Dipl.-Ing Architekt
Opernplatz 14
D-60313 Frankfurt
Seite: 62–65
MA: Ralf Zander
F: Archiv Architekt

Neugebauer + Rösch
Sonja Neugebauer, Robert Rösch
Dipl.-Ing. Architekten BDA
Eberhardstrasse 61
D-70173 Stuttgart
Seite: 66–69
F: Fidi Ulmer, Stuttgart

Studio Paretaia
Architektur und Designplanung
Susanne und Prof. Axel Müller-Schöll
Dipl.-Ing. Architekten
mit Jürgen Wünsch
Felix-Dahn-Strasse 66A
D-70597 Stuttgart
Seite: 70–73
F: Kai Loges und Andreas Langen, Stuttgart

Planinghaus Architekten
Jens Daube, Georg Seegräber, Dirk Siebel
Dipl.-Ing. Architekten
Heidelberger Strasse 84
D-64284 Darmstadt
Seite: 74–77
MA: Alexander Hirsch, Samad Sakkaki
Seite: 78–81
mit Georg Rombusch, MA: Alexander Hirsch
F: Thomas Eicken, Mühltal

Ursula Reich
Dipl.-Ing. Architektin
Hotzendorfstrasse 20
D-14027 Berlin
mit Tanja Riccius und Guido Scharnhorst, Berlin
Seite: 82–87
F: Bernhard Müller, Reutlingen

Jürgen Reichardt
Prof. Dipl.-Ing. Architekt BDA
Im Walpurgistal 10
D-45136 Essen
Seite: 88–91
F: Klaus Ravenstein, Essen

Marcus Rommel
Dipl.-Ing. Freier Architekt
Rotebühlstrasse 89/2
D-70178 Stuttgart
MA: Gudrun Ahrens
Seite: 92–95
F: Thomas Ott, Darmstadt

Hannes Schreiner
Dipl.-Ing. Architekt
Johannesstraße 49
D-70176 Stuttgart
Seite: 13
F: Christian Richters, Münster
und Archiv Architekt

Schmidt/Schmersahl & Partner
Architekten / Stadtplaner BDA
Friesenweg 12
D-32107 Bad Salzuflen
MA: Christian Brune
Seite: 96–99
F: Clemens Ortmeyer, Architekturphoto

Dr. Peter H. Schurz
Architekt Univ.Prof. Doz Mag
Mandellstrasse 21/8
A-8010 Graz
Seite: 21
MA: Peter Lambert, Anton Mariacher
F: Peter Eder, Graz

Bettina Seeger
Matthias Ullmann, Dipl.-Ing. Architekten
Heilbrunnerstrasse 63
D-81671 München
Seite: 100–105
F: Bernhard Müller, Stuttgart

Eva von der Stein
Dipl.-Ing. Architektin
Brabantstrasse 3
D-52070 Aachen
Seite: 106–109
F: Ulrich Noppeney, Aachen

Frank Stille
Dipl.-Ing. Architekt
Paulinenplatz 9
D-20259 Hamburg
mit Werk&Stadt Architekten, Hamburg
Seite: 110–113
F: Archiv Architekt

Tatjana Vautz
Dipl.-Ing. Freie Architektin
Regierungsbaumeisterin
Alexanderstrasse 136
D-70180 Stuttgart
mit Stefan Mang, Stuttgart
Seite: 114–117
F: Bernhard Friese, Pforzheim

Markus Wespi mit Jérôme de Meuron
Architekten
Postfach 57
CH-6578 Caviano Ti
Seite: 118–121
F: Hannes Henz, Zürich

Ralf Zander
Dipl.-Ing. Architekt
Badener-Tor-Strasse 7
D-76275 Ettlingen
Seite: 122–125
F: Zooey Braun, artur

Literatur

Claus Arendt
Altbausanierung: Leitfaden zur Erhaltung und Modernisierung alter Häuser
Stuttgart 1993

Rainer Oswald / Ruth Abel
Hinzunehmende Unregelmäßigkeiten bei Gebäuden
Wiesbaden und Berlin, 2. Auflage 1998

Stephan Isphording / Holger Reiners
Der ideale Grundriss. Beispiele und Planungshilfen für das individuelle Einfamilienhaus
München, 2. Auflage 1999

Holger Reiners
Einfamilienhäuser modernisieren. Anbauten, Umbauten, neue Architektur und besseres Wohnen
München 1994

Michael Hauth
Vom Bauleitplan zur Baugenehmigung. Bauplanungsrecht, Bauordnungsrecht, Baunachbarrecht
München, 5. Auflage 1998

Thomas Schnabel
Architektenrecht von A–Z
München 1998

Harald Gerhards / Helmut Keller
Gablers Lexikon Baufinanzierung
Wiesbaden, 5. Auflage 1996

Impressum

http://www.callwey.de
e-mail: buch@callwey.de

Die Deutsche Bibliothek – CIP-Einheitsaufnahme
Ein Titeldatensatz für diese Publikation ist bei
Der Deutschen Bibliothek erhältlich.
ISBN 3-7667-1465-1

Layoutkonzeption: Helmut Gebhardt, München
Litho: Fotolito Longo, Bozen
Druck und Bindung: Fotolito Longo, Bozen
Printed in Italy 2001

Für die Zukunft gestalten.

Individuell Bauen und Wohnen

„Stephan Isphording und Holger Reiners beschreiben 40 realisierte Projekte, die hinsichtlich Ästhetik und Preis-Leistungs-Verhältnis beispielhaft sind. Ein weites Spektrum an individuellen Lösungen."

WOHNEN

Stephan Isphording/Holger Reiners
Individuelle Doppelhäuser & Reihenhäuser
2. Auflage. 200 Seiten, 200 Abbildungen,
113 Zeichnungen. Gebunden.
ISBN 3-7667-1307-8

„Liebhaber von Architektur und schönen Aussichten bekommen nützliche Anregungen"

SÜDDEUTSCHE ZEITUNG

Stephan Isphording
Häuser am Hang
192 Seiten, 227 Abbildungen,
123 Zeichnungen. Gebunden.
ISBN 3-7667-1402-3

„Wohnen mit Weitblick - das bietet meist ein ausgebautes Dachgeschoss. Ob mitten in der Großstadt oder auf dem Lande. Wie abwechslungsreich diese Art des Bauens sein kann, zeigt der Hamburger Architekt Stephan Isphording."

WELT AM SONNTAG

Stephan Isphording
Wohnen unterm Dach
128 Seiten, 119 Abbildungen,
62 Grundrisse. Gebunden.
ISBN 3-7667-1315-9

www.callwey.de